Harvard
Business
Review
Press

リーダーの
持つ力

ハーバード・ビジネス・レビュー編集部 編

DIAMONDハーバード・ビジネス・レビュー編集部 訳

ダイヤモンド社

Emotional
Intelligence
EI シリーズ

POWER and IMPACT

HBR Emotional Intelligence Series

by

Harvard Business Review

Published by arrangement with Harvard Business Review Press, Brighton, Massachusetts
through Tuttle-Mori Agency, Inc., Tokyo

リーダーの持つ力　POWER + IMPACT　目次

注

［日本語版に寄せて］

パワーの過去・現在・未来

独立研究者　**山口 周**

組織や社会におけるパワーの問題を考えると、そこには複数の種類のパワーが紛らわしく併存していることがわかります。パワーについての考察が往々にして混乱しがちなのはここに原因があります。

では、そもそもパワーにはどのような類型があるのでしょうか？　ここではマックス・ヴェーバーによる分類を用いて考察してみましょう。ヴェーバーは著書『職業としての政治』において、支配を正当化するパワーを三つに整理しています。とてもわかりやすい記述なので抜粋をそのまま引きます。

第一は「永遠の過去」がもっている権威で、これは、ある習俗がはるか遠い昔から通用しており、しかもこれを守り続けようとする態度が習慣的にとられることによって、神聖化された場合である。古い型の家父長や家産領主のおこなった「伝統的支配」がそれである。

第二は、ある個人にそなわった、非日常的な天与の資質（カリスマ）がもっている権威で、その個人の啓示や英雄的行為その他の指導者的資質に対する、まったく人格的な帰依と信頼に基づく支配、つまり「カリスマ的支配」である。預言者や――政治の領域における――選挙武侯、人民投票的支配者、偉大なデマゴーグや政党指導者のおこなう支配がこれに当たる。

最後に「合法性」による支配。これは制定法規の妥当性に対する信念と、合理的につくられた規則に依拠した客観的な「権限」とに基づいた支配で、逆にそこでの服従は法規の命ずる義務の履行という形でおこなわれる。近代的な「国家公務員」や、その点で類似した権力の担い手たちのおこなう支配はすべてここに入る。

マックス・ヴェーバー『職業としての政治』（岩波文庫）

ヴェーバーの分類を「パワーの源」という観点で整理してみましょう。

「伝統的支配」は、過去からの連続性という「歴史」がパワーの源になります。これはつまり「歴史に基づくパワー」は、パワーを発揮する主体にパワーの源があるわけではなく、その主体に連なる過去の時間の蓄積、その蓄積が生み出す一種の幻想にパワーの源があるということです。

これは世代を跨《また》いでパワーを継承することを考えた際に重要なポイントです。というのも本人にパワーの源がない以上、どんな人間を持ってきても、正統性さえ担保できればパワーを発揮させることが可能だからです。これは「後継者の能力や人格」という、確率的にバラツキが大きく、極めて制御の難しい問題をバイパスできるという点で、パワーを世襲したいと考える主体にとって好ましい要件と考えられます。

次に「カリスマ的支配」は、当人の示す言葉や行動などへの「共感」がパワーの源になります。「カリスマ」と聞けば、その「カリスマ個人」がパワーの源であると私たちは考えてしまいがちです。しかし、実際にはそうではない。その個人にパワーを与えているのは、その人物が示す言葉やビジョンへの共感であり、さらに言えば共感した人々の心に生まれる「この人についていこう」という衝動、つまりフォロワーシップなのだということです。

ガンジーが英国政府への抗議のために始めた「塩の行進」に付き従っていた人は、なぜそうしたのでしょうか？　彼ら自身が「ついて行こう」と感じたからです。これはつまり、パワーの源が関係性に根差しているということです。パワーの源が関係性に根差している、ということは、このパワーが「代替不可能である」ことを意味します。わかりやすく言えば、そのカリスマが病気になったり死んだりして関係性がリセットされてしまえば、集団をまとめる求心力になっていたパワーも失われてしまうということです。

これは、先述した「歴史に基づくパワー」と大きく異なる点です。企業ではよく、カリスマ性を持った創業社長の引退とともに、二世が後を継いだ結果、求心力が失われて組織がガタガタになっていくということが起きますが、これは「カリスマに基づくパワー」が原理的に代替不可能であることを示しています。

最後に「合法性」による支配では、その組織や社会において規定された「権限」がパワーの源を生み出すことになります。これを逆に言えば、その組織や社会におけるルールが変われば、一瞬にしてリーダーが発揮していたパワーも霧消することになります。ここで留意しなければならないのは、ここで言う「権限」は、必ずしも文書化された公式なものに限らないということとです。組織には往々にして公式の権限規定とは異なるパワーを隠然と持つフィクサーのような人物がいますが、このような人物の持つパワーもまたシステム内部に規定されているという点で「権限」に基づくものだと言えます。

整理すれば、私たちが誰かにパワーを感じる時、その源は「歴史」「共感」「権限」のどれかに発しているということです。このように整理してみると重大なことが明らかになります。私たちは、パワーについて考える際、パワーをあたかも個人の能力や属性のように考えてしまいがちです。しかし、これまでの考察を通じて明らかになったように、パワーというのはシステムと参加者との関係が生み出す「現象」であり、吉本隆明の言葉を借りて表現すれば、一種の共同幻想なのだということです。この理解を前提にして、今後の「パワーのあり方」についてさらに考察してみましょう。

パワーの弱体化は何をもたらすか

この本をいま手に取っている人のほとんどは、今日の社会においてパワーが弱体化していることを感じていると思います。一九世紀の先進国のほとんどが依拠していた世襲に基づく君主制はほぼ絶滅し、また二〇世紀半ばまでは存在したヒトラー、ムッソリーニ、スターリンといった全体主義の独裁者も今日の世界ではマイノリティになっています。我が国、日本に目を転じれば、かつて権力を恣《ほしいまま》にした江戸時代の封建領主システムはすでに過去のものとなり、明治から昭和前半まで大きな影響力を持っていた華族制度や財閥システムも解体され、一部の人だけが享受できた政治や教育に参加する権利は今日、広く国民に開かれています。

世界銀行理事も務めた著述家のモイセス・ナイムは、彼の著書『権力の終焉』（原題は *The End of Power*）において、世界中のあらゆる場所で「パワーの弱体化」が進んでいることを、豊富な例証を引いて明らかにしました。ここ三〇年のあいだに米国企業のCEOの平均在任期間は一〇年から六年に短縮し、トップ交代が相対的にすくない日本企業でも強制的な辞任の数は同期間に四倍に増加、小規模軍事力が大規模軍事力に勝利する割合は一二％から五六％に急増し、チェスのグランドマスターは八八人から一二〇〇人以上にまで増加しています。

ここまで読まれた読者にはすでにお気づきだと思いますが、このような「パワーの弱体化」は、先程のヴェーバーによる「パワーの三分類」のうち、特に「伝統」（歴史）と「権限」に基づくパワーの二つにおいて発生していることがわかります。多くの国で封建制度から民主主義への転換が進み、「家柄」や「家系」よりも本人の能力や人格が重んじられるようになった結果、「歴史」に基づくパワーは弱体化し、また社会の流動性が全般に高まった結果、極端な権力の傾斜を許容するようなルール体系を持った組織からは人が逃げるようになったことで「権限に基づくパワー」も弱体化しています。このように考えてみると、「歴史」に基づくパワーと「権限に基づくパワー」の二つが弱体化しているのは、不可逆な歴史の必然と感じられます。

さて、このような変化は私たちの社会にどのような影響を与えるのでしょうか?

世間全般の風潮からして、パワーの弱体化という変化は一般に好ましいものだと考えられていますが、この問題はそう簡単ではありません。パワーの弱体化は私たちに功罪相半ばする影響を与えることになると思います。

まず「功」の面について考えると、すぐに二つの点に思い至ります。一点目は、傍若無人な振る舞いをして他人を傷つけるような権力者が生まれにくくなるということです。それをまざまざと感じさせてくれたのが、性的な被害を受けたにもかかわらず、権力者による仕返しが怖くて仕方なく泣き寝入りしていた女性たちによる「私も被害を受けた」という全世界的な告発運動、いわゆる「ＭｅＴｏｏムーブメント」でした。

　このムーブメントのきっかけとなったのは、ハリウッドでの権力を笠に着て女優に性的暴行を繰り返していた大物プロデューサー、ハーヴェイ・ワインスタインに対する告発でしたが、この後、フランスでは加害者が実名を挙げて糾弾され、イタリアでは被害体験を告白するツイートが相次ぎ、米国連邦議会の女性議員たちは男性議員から受けたセクシャルハラスメントを告白し、英国ではハラスメント疑惑を受けたマイケル・ファロン国防相が辞任に追い込まれました。かつては泣き寝入りするしかなかった、弱い立場にある人々がテクノロジーを用いて繋がることで「大きなパワー」に対抗する力を持ったのです。これは「パワーの弱体化」がもたらす功的側面と言えるでしょう。

　パワーの弱体化がもたらす「功」の二点目は、システム全体の崩壊＝カタストロフを避けられる確率が高まる、ということです。現在、世界は極めて複雑で予測の難しい状況、いわゆるＶＵＣＡ（Volatility, Uncertainty, Complexity, Ambiguity）になっています。このような世界において、大きな権力を有するごく一部の人々だけが意思決定するというのはシステムとして非常に脆弱です。なぜなら、状況の不確実性が高まれば高まるほど、そこに関わる人がフラットな関係でコミュニケーションをすることが必須になるからです。これをわかりやすく示しているのが航空機における事故統計です。

通常、旅客機では機長と副操縦士が職務を分担してフライトします。もちろん、一般的には操縦技術や状況判断能力の面で機長の方が副操縦士より格段に優れています。しかし、過去の航空機事故の例を見れば、機長自身が操縦桿を握っている時の方が、はるかに墜落事故が起こりやすいことがわかっています。なぜか？　機長が操縦桿を握っている時には、副操縦士が意思決定に参加しなくなるからです。

コックピット内で、よりクオリティの高い意思決定を行おうとした場合、お互いの行動や判断に対してお互いがチェックし、もしそこに問題があるようであれば異議を唱えるということが必要となります。副操縦士が操縦桿を握っている場合、上役である機長が副操縦士の行動や判断に対してそうすることはごく自然にできるでしょう。

しかし機長が操縦桿を握っている際、目下である副操縦士は機長の行動や判断に対して異議を唱えられるでしょうか？　もし、思うところがあったとしてもそれを口に出して意見できなければ意思決定の品質は劣化してしまうことになります。つまり、権力が偏在化するシステムでは意思決定の品質が劣化するのです。

ここまで「パワーの弱体化」がもたらす「功罪」のうち、「功」について述べてきましたが、では「罪」についてはどうでしょうか？

パワーが弱体化することの「罪」を一言で表現すれば、それは「大きなことを成し遂げる力が組織や社会から失われる」ということに尽きます。社会や組織をまとめて何事かを成し遂げるためには必ずパワーが必要になります。今日の社会には全世界が足並みを揃えて解決に当たらなければならない非常に大きな問題が山積していますが、パワーが弱体化すれば、大きな組織や集団をまとめ、何かを成し遂げることは難しくなるでしょう。

パワーの弱体化は一般にポジティブな文脈で語られることが多いですが、私たちの社会が向き合っている大きな課題の解決が一向に進んでいかないのは、パワーの弱体化がもたらす弊害と考えることもできるのです。

リーダーシップは他者の共感から生まれる

ここに私たちが向き合っている大きなジレンマがあります。パワーがもたらす功罪のうち「功」を最大限に引き出しながら「罪」を抑え込むためにはどうすればいいのでしょうか？

答えは一つしかありません。「伝統」と「権限」に根差すパワーが弱体化していくのが歴史の必然なのだとすれば、私たちは、何か大きな成果を成し遂げるためのパワーの源を「共感」に求めるしかないのです。自分のビジョンを語り、それに共感する人々が出てくることでそこにリーダーシップとフォロワーシップが民主的に生み出される。その関係性が生み出すパワーが、これからの世界を変えていくための大きな原動力になっていくでしょう。

では、どのようにして、私たちはそのようなパワーを発現させることができるのでしょうか？

私たちはよく「パワーがリーダーシップを生み出す」と考えてしまいがちです。企業の組織開発・人材育成のお手伝いをしていると、よく「自分には権限がないので……」という理由で思っていることを言おうとしない、やろうとしない人に出会います。では、その人は権限を手に入れたら何かを始めるのでしょうか？

いいえ、筆者はそう思いません。今日、自分の判断で動き出さない人は、明日、パワーを手に入れたとしてもやはり動き出さないでしょう。考え方が全く逆なのです。「パワーがないからリーダーシップを発揮できない」のではなく「リーダーシップを発揮しないからパワーという現象が発現しない」のです。

リーダーシップは本来、パワーによって生まれるものではありません。それは問題意識とビジョンを打ち出すことで喚起される「他者の共感」によって生まれるものです。過去の歴史においてて偉大なリーダーシップを発揮した人々、たとえばソクラテス、イエス・キリスト、キング牧師、マハトマ・ガンジー、吉田松陰、坂本龍馬などを見ればよくわかります。

彼らは社会や組織の中で合法的に、あるいは世襲的にパワーを与えられた人々ではありません。ただ、自らの問題意識に基づいて世界に向けて耳を澄まし、目をこらし、行動しただけです。その行為にインスピレーションを受けた多くの人々が、これらの「唯《ただ》の人」を歴史上稀《まれ》に見るリーダーにトランスフォームしたのです。

「パワーの過去・現在・未来」という本稿の主題ついてまとめれば、ヴェーバーの指摘したパワーのうち「伝統」および「権限」に基づくパワーは今後、弱体化の流れを辿ることになるでしょう。これからの社会において、このようなパワーのあり方に依拠することは非効率であるばかりか、危険ですらあると言えます。

一方で「共感」に基づくパワーは、社会に残存する大きな問題を解決する際に求められるパワーを生み出すうえで、唯一の源になっていくと思われます。

願わくば、本稿を読まれた読者の皆さまが、自らの問題意識とビジョンに基づいてリーダーシップを発揮し、そのリーダーシップによってほとばしるような輝くパワーが生み出されんことを祈りつつ、筆を置きたいと思います。

Harvard Business Review
Emotional Intelligence
POWER+IMPACT

1

人の行動は「権力」によってどう変わるのか

デイビッド・デュボワ
David Dubois

"The Two Big Ways Power Transforms a Person,"

HBR.ORG, February 26, 2016.

権力は本当に人を堕落させるのか

「権力は人を堕落させる」という昔ながらの決まり文句がある。事例証拠ではたしかに、それが真実だと示唆されている。非倫理的、あるいは不誠実な指導者にまつわる話は、新聞や歴史書に驚くほど頻繁に登場する。

しかし、権力を持つ人の振る舞いは本当に、そうでない人よりも非倫理的なのだろうか。近年、多くの社会科学者がこの疑問の解明に取り組んできた。

この手の疑問がたいていそうであるように、答えは「時と場合による」だ。ただし、一つ明らかなことがある。膨大な数の研究で示されているのは、権力には人間の心理を変える作用があるということだ。すなわち、自分に「権力がある」と感じている人と「権力が欠如している」と感じている人とでは、考え方、感じ方、振る舞い方が異なるのである。

また、人は大小さまざまな形で自分の権力を利用するという事実も、数多くの実証的研究で示されている（権力の源泉は、高収入、組織階層における地位、社会階級、あるいは単に与えられる選択肢の多さ、などさまざまだ）。

人は「権力感」を持っているとき、無礼や不正を働く傾向が強くなる。（注1）たとえば高級車を運転している人は、歩行者に道を譲ることが少ない。また一連の実験では、社会階級が高い人ほど、報酬を勝ち取るチャンスを高めようと交渉の場で嘘をついたり不正をしたりする確率が高かった。（注2）

権力者は不正をする傾向が強いばかりか、それをより自然にできるようだ。カリフォルニア大学バークレー校、ノースウェスタン大学ケロッグスクール・オブ・マネジメント、コロンビア大学の研究者らによる研究プロジェクトでは、強い権力感を誘発された被験者は、権力感の低下を誘発された被験者よりも上手に嘘をついた。つまり、嘘が聴衆に気づかれない確率が高かった。

非倫理的な行動傾向を誘発する二つの要因

ではなぜ、権力感は非倫理的な行動傾向を誘発するのだろうか。

これまでの証拠によると、主に二つの要因が考えられる。まず、権力によって感情や衝動へ自分自身の思考や感情に注目すること（self-focus：自分自身の思考や感情に注目すること）の度合いが平均以上に強まることだ（ヨリス・ラマース、アダム・ガリンスキー、デレク・ラッカーと筆者は『カレント・オピニオンズ・イン・サイコロジー』誌に、これらの知見を総合した論文を寄稿している（注3））。

第一に、人は権力を持つと脱抑制の傾向を強め、これが社会規範の軽視へとつながる。たとえばアダム・ガリンスキーによる実験では、権力感を誘発された被験者は、権力感の低下を誘発された被験者に比べ、顔に向けて送風される鬱陶しい扇風機を止める傾向が高かった（注4）。ほとんどの人は不正をしたいと思っても自制心を働かせるものだ。しかし権力感を持つ人は、自制心に縛られずに自分の利益を優先した行動を起こせるのである。

第二に、権力感は自己注目を助長するため、権力者は他者よりも自己の要求を重んじるようになる。ある調査によれば、年収二万五〇〇〇ドル以下の米国世帯は収入の平均四・二％を寄付するのに対し、年収一五万ドル以上の場合は二・七％であるという（注5）。

ラッカーおよびガリンスキーと筆者は共同で、この傾向を検証する興味深いテストを行った。ある実験で、まず被験者を上司役と部下役に振り分けた（質問や文書によって、前者は権力感の高揚を、後者は権力感の低下を誘発)。そして各被験者に、「自分が選んだ他者」と「自分自身」のためにハーシーのチョコレートの詰め合わせをつくるよう指示した(代金は実験の謝礼から引かれるものとした)。

すると、高い権力感を持つ被験者が買ったチョコレートの数は、他者のため(平均約一一個)よりも自分向けのほうがはるかに多かった(平均約三一個)。かたや権力感が低い被験者は、他者のため(平均約三七個)のほうが自分向けよりも多かった(平均約一四個)。この結果から、権力のある人は他者よりも自分自身を大切にする傾向があるとわかる。

自己注目の高まりと、非倫理的な行動との間にはどんな相関があるのか。権力の保持はもちろん不正行為を助長しうるが、それは非倫理的な行動が自分の利益につながる場合に特に顕著だ。一方、権力の欠如が不正に結びつくこともある。非倫理的な行動が他者の利益につながる場合だ。

たとえば、私たちが行ったこんな実験がある。被験者の権力感を(過去の経験を思い起こさせるタスクを通じて)高揚または低下させた後、次のシナリオを提示して答えてもらった。ある非倫理的な行為(嘘の報告)をすれば自分が救われるという状況と、他者が救われるという状況がある。あなたが嘘をつく可能性はそれぞれの局面でどのくらいか（例：被験者がレポートを提出し忘れたとして、理由を「健康不良」と偽れば落第は免れる。また、レポートを提出しなかった知人がおり、被験者が「彼は健康不良だ」という嘘を告げればその知人は落第を免れる）。

すると、高い権力感を持つ被験者が「自分のため」に嘘をつく確率は、「他者のため」よりもはるかに高かった。かたや権力感が低い被験者は、正反対の結果となった。自分よりも知人を救うために嘘をつく確率が、はるかに高かったのだ。

ただし、抑制の低下や自己注目の強化は、必ずしも悪いことばかりではない。リーダーにはこれらの要素が必要な場合もあるのだ。リーダーは脱抑制によって、交渉の場で率直に話をすることで有利な条件を勝ち取る、不正行為を目にしたら異を唱える、組織全体を倫理規範の順守に導く、といったことが実現しやすくなる。自己注目の強いリーダーは、必要な物事を手に入れる能力に長けている。たとえば社内のしかるべきリソースや、社外の市場空間における影響力などだ。

では、どうすれば権力がもたらす悪影響（不正をする傾向など）を軽減できるのか。残念ながら、明快な一つの答えというものはない。

ただし、リーダーが「視点取得」（perspective taking：他者の立場になって考えること）を習得できることは証明されている。つまり、自身に次のような問いかけをする習慣をつけることだ。

- 「目の前の相手は何を考えており、何を欲しているのだろう」
- 「自分が相手の立場だったら、何が公平だと感じるだろう」
- 「自分のこの決断が、もし『ウォール・ストリート・ジャーナル』紙の一面を飾ったら人々はどう思うだろうか？」

視点取得は、短時間の練習によって実行でき、訓練によって身につけられる。

＊　＊　＊

上記を考え合わせると、「権力は必ず人を堕落させる」という概念が間違いであることは明らかだ。より現実に近いのはこうである。「権力は、脱抑制と自己注目という二つのプロセスによって、リーダーの振る舞いに変化を及ぼす」
このことを念頭に置けば、権力がいつ堕落につながり、いつ道徳的な行動につながるかを理解できるようになる。そして堕落を防ぐ方策が、視点取得と共感であることも明らかになる。

デイビッド・デュボワ（David Dubois）
INSEAD准教授。マーケティングを担当。

1. The Two Big Ways Power Transforms a Person

2

自らのパワースタイルを把握せよ

マギー・クラドック
Maggie Craddock

"What's Your Power Style?"
HBR.ORG, May 09, 2011.

パワースタイルを決定づける要因は、子どもの頃に遡る

子どもの頃の体験が、大人になってからの職業人生に影響を与えていると感じたことはないだろうか。自分の主張を通すために部下をいじめる上司は、子どもの頃、遊び場で人を押しのけていたいじめっ子だったのかもしれない。

いまの職場で成長を目指すにしろ、転職を望むにしろ、自分の力を発揮したり他者の力を受け止めたりする際、人生で最初に身を置いた組織でたたき込まれた考え方の影響を受けると理解しておくことは無駄ではない。誰もが人生で最初に身を置く組織——それは「家庭」である。

仕事をする時、誰でも大なり小なり自分の力を行使する。人それぞれに異なる力の発揮の仕方を「パワースタイル」と呼ぶことにしよう。私の研究によれば、人生で最初に接した権威——つまり親——に対して、感情と行動の両面でどのような応答を求められて育ったかが、個人のパワースタイルを決定づける最大の要因である。

力に対して自分の感情がどう動くか把握するためには、自分が育った家庭で親（あるいは広く保護者）がどのような方法で力を示していたかを思い起こすとよい。何かをさせたり禁じた

りする時、子どもの気持ちにも配慮する親だっただろうか。あるいは、有無を言わさず命令する親だっただろうか。

家族で何かを決める時、意見を聞いてくれる親に育てられた子どもは、大人になって働き始めた時、人間的なつながりを大切にする同僚を肯定的に受け止めるだろう。そのような受けとめ方をする人のパワースタイルは「信頼」に立脚していると言える。

対照的に、自分の言う通りにさせようとする権威主義的な親や、自由放任で好き勝手にさせる親に育てられた子どもは、「恐れ」に立脚したパワースタイルを身につけることが多い。そのような人は、一つずつ合意を積み重ねながら仕事を進めるという方法は好まず、我が道を突き進む自信満々の強いリーダーに引きつけられる傾向がある。

自分のパワースタイルを考える際、親の態度に加え、自分自身の態度についても理解しておくことが役に立つ。パワースタイルは、幼少期の頃、望む結果を親から引き出すためにどのような方法で対処してきたかにも由来するからだ。幼少期に、親に対してインフォーマルに接するほうが都合よく進んだ体験をした人と、行儀よくフォーマルに接するほうがうまく事が運んだ体験をした人では、パワースタイルも異なってくる。

両親の意見や方針が一致しておらず、父親がノーと言っても母親がイエスと言う場合がある（逆も然り）ことを学習した子どもは、主としてインフォーマルな行動で力を行使しようとする傾向がある。その傾向が強い人は、力を発揮しようとする時、一対一の関係に持ち込むことを好む。たとえば、会議で意見や提案を発表する場合でも、会議の前に主要メンバーに個人的に話を通しておこうとする傾向がある。

対照的に、叱られる時も褒められる時も両親がいつも一致していたという子どもは、大人になって専門的な仕事を進める時、個別対応ではなくグループとしての対応を好む傾向がある。意見が分かれることを議論する時も、個別に合意を取りつけるのではなく、全員でオープンな議論をして決めようとする。

私のクライアントについてみると、幼少期に自分のニーズを満たすために使っていた方法と、大人になったいま仕事で抱えている問題を照らし合わせると、そこに重要な関連があることがうかがえる。

たとえば、広告業界のシニアエグゼクティブであるジェフは、会議で人のことを口うるさく論じる傾向があって、クリエイティブなチームを率いる資質に欠けると評価され、昇進の機会を逃しかけたことがある。ジェフはプレゼンテーションのコーチングも受けたが、自分の話を聞いてもらいたいという欲求を抑えることができず、失敗することが多かった。

ジェフにはフィギュアスケートのチャンピオンだった姉がいて、そのせいで周囲からあまり注目されずに育った。両親はジェフを愛していたが、姉のスポーツ選手としてのキャリアに夢中で、息子の欲求を見逃すことが多かった。ジェフは両親に自分を見てほしい、かまってほしいという願望を抱いて育った。この思いが、世界中の家族の注目を集める広告キャンペーンを作成する原動力となったのだった。

だが、親に無視されることを恐れた幼少期の記憶が、自分の仕事上の評価を引き下げていることを知ったことで、ジェフは自信と余裕を持って人の話を聞けるようになり、実力にふさわしい昇進を勝ち取ることができた。

主要な四つのパワースタイル

自分自身と状況を変えるには、まず自分のパワースタイルを理解することが必要だ。自分の感情が何に影響され、どんな行動が引き起こされているのかを振り返ることで、自分の主要なパワースタイルを見極めることができる。以下に、はっきり識別できるパワースタイルを四つ挙げるが、ほとんどの人は、このうちの少なくとも二つをブレンドしたパワースタイルを持っている。「主要なパワースタイル」と言ったのはそれが理由である。

①喜びとケアの提供

このタイプには、外部環境のせいで、幼い頃に保護者からしかるべき注目を与えてもらえなかった人が多い。人に評価してもらいたいという満たされない欲求を抱えていることが多く、その裏返しで、他人の面倒を見ようとする態度が染みついている。個人的レベルで人とつながることによって力を行使しようとする傾向がある。

②勧誘と圧力

幼い頃から感情的に不安定な親の機嫌を取らなくてはならなかった人に多い。その結果、形式的権威にはほとんど敬意を示さず、自分のニーズを満たすために他者を操作しようとする。

誘いや圧力で人を動かそうとする傾向が強い人のパワースタイルである。

③指揮

規律と行動に厳格なルールが存在するスポーツ、宗教、軍隊、あるいは、何らかの権威と一致する価値を持つ家庭で育てられると、このパワースタイルを身につけることがある。結果を重視して行動し、接する相手に切迫感を与える傾向がある。

④創造的感化

このタイプは、人の意見に合わせるのではなく、自分を表現することを重視する家庭から生まれることが多い。芸術や科学の世界で犠牲をいとわず卓越性を追求するような親（あるいは保護者）に育てられた場合も、この傾向を持つことが多い。革新的思考の持ち主であることが多く、良いと信じたことにコミットし続ける人が多い。

どのスタイルにも強みと弱点があり、どのスタイルも職場で力を行使するうえで大切なことを示している。ジェフは、自分のパワースタイルが①と③のミックスであることに気づき、その認識を活かして習慣や行動を調整することができた。

自分のパワースタイルを評価する際、どれかが良くて、どれかが悪いわけではないことを頭に入れておくことが重要だ。他者に対しても自分に対しても、単純にどれか一つのパワースタイルに決めつけて批判するようなことは控えるべきである。たいていの人は複数のパワースタイルを混在させていて、状況に応じて切り替えている。

マギー・クラドック（Maggie Craddock）
ワークプレース・リレーションシップス社長。著書に *Power Genes: Understanding Your Power Persona — and How to Wield It at Work*（未訳）がある。

3

肩書に頼らず組織を動かす方法

マキシム・シッチ
Maxim Sytch

"How to Figure Out How Much Influence You Have at Work,"

HBR.ORG, February 18, 2019.

肩書や正式な権限だけでは、物事が進めにくくなってきた

東南アジアのある銀行の行員が、レンタカー会社の従業員が自社の中古車を購入できる仕組みをつくりたいと考えた。しかし、銀行の単一のビジネスユニットではその仕組みを構築することができなかった。他の部門の協力を要請したが、既存の金融商品との兼ね合い、潜在的な事業リスク、規制上のガイドラインなどを理由に、動いてくれなかった。

しかし、その行員の同僚が一肌脱いでくれたおかげで、会社全体にそのアイデアを知らせることができた。その結果、二つのビジネスユニットが問題解決につながる仕組みを共同で開発してくれて、当初のアイデアに沿ったサービスを提供することができたのだった。

つまるところ、新しい金融商品の成功は、この銀行員がインフォーマルな力を発揮して同僚の協力を引き出したことで得られた。正式な肩書とは関係のない「インフォーマル・パワー」は、リソースを獲得し、変革を推進して、自分にとってだけでなく組織にとっての価値を創造する。

現代の職場では、インフォーマル・パワーはますます重要になり、組織のなかで地位を確保

するためにさらに必要な要素となっていくだろう。

それはなぜか。今日、企業が顧客のニーズに的確に対応するためのワークフローは、専門によって縦割りにされた一つの部門内で完結するものではなくなり、部門間のスペースにはみ出してきているからだ。

この傾向は、クロスファンクショナル・チームや顧客管理マネジャー、そしてマトリックス型組織では特に重要である。そして小さい組織でも、プロジェクト主導型で仕事が進められるようになってきている。

それだけでなく、仕事が自社内で完結せず、外部のサプライヤー、流通業者、顧客と協力して進められるケースがますます増えている。企業はアイデアや仕事をクラウドソーシングし、フリーランサーやサードパーティと協力して事業を進めるようになってきている。競合他社とコラボレーションすることさえ珍しくない。

実際、部門横断的な仕事や外部の利害関係者と協力して行う仕事においては、肩書や上司のサポート、正式に付与された権限だけでは歯が立たないことも多い。

インフォーマル・パワーを自己評価する

あなたは、価値を生み出し、事を成し遂げるためのインフォーマル・パワーを持っているだろうか。それを確かめる方法を紹介しよう。

ステップ①

自分の仕事を全うするために必要な一〇人の名前を書き出す。自社の人でも社外の人でもかまわない。

ステップ②

書き出した一〇人のそれぞれについて、どの程度頼りにしているか、なくてはならない存在かを考えて、一点から一〇点までの点数をつける。大きな価値を提供してくれている人や、他の人に代え難い人には高い点数をつける。

提供される価値としては、キャリアに関するアドバイス、感情面でのサポート、日常的な活動の手助け、情報提供、役に立つリソースや人の紹介など、さまざまなものがあることを忘れないようにしよう。

ステップ③

同じことを逆の視点から行う。今度は相手の立場に立って、あなた自身が頼りにされている度合いを想像して点数をつけるのである。

あなたが提供する価値の大きさや、他の人が代わりを務める難しさを考慮して点数をつける。過大でもなく過小でもなく、正直な自己評価に基づく点数をつけることが大切だ。

危険信号を見逃さない

次に、自分のインフォーマル・パワーに危険な兆候がないか確認しよう。インフォーマル・パワーが不足したり、関係が断たれてしまったりする危険性を、問題が発生する前に察知しておく必要がある。

人脈が身内だけになっていないか

ステップ①で挙げた人々のなかに、同じチームや部署、製品部門、あるいは同じビル内で働いている人は何人ぐらいいるだろうか。その数が多ければ多いほど、人脈が狭いことを意味している。

言い換えれば、直接的な業務や肩書を超えて頼りにされる価値を生み出す能力が乏しいという可能性がある。

対等なギブ・アンド・テイクが成立しているか

ステップ②と③のスコアを比較して、相手から提供されている価値以上のものを相手に提供できているか確認しよう。受けるだけで与えていない一方的な関係はもちろんのこと、受けるほうが大きいアンバランスな関係は、長期的に維持することが難しい。

依存の度合いが一方に偏っている関係では、依存している側は相手に支配権を握られているとも言える。

損得抜きの価値観を反映しているか

頼れる度合い（ステップ②のスコア）であれ、頼りにされている度合い（ステップ③のスコア）であれ、総じて点数が低い場合は、関係の多くが必要最低限のギブ・アンド・テイクに限られている可能性がある。

逆にスコアが高い場合は、単なる損得勘定を超えた価値観やダイナミックな関係に支えられていて、高いインフォーマル・パワーにつながっている可能性が高い。(注1)

少数のコンタクト先に集中的に依存していないか

あなたが与える価値や受ける価値は、一〇人のなかの特定の少数に集中していないだろうか。もしそうなら、何らかの理由でその関係が途絶えたり変化したりすると、全体的状況が一気に悪化する可能性がある。

あるシニアマネジャーは、自分のインフォーマル・パワーは、ほとんど二人の重要な人物に依存していると打ち明けてくれた。その後、残念なことに一人は他界し、もう一人は別の地域に転勤になり、彼のインフォーマル・パワーは一瞬で失われてしまった。

インフォーマル・パワーを強化する方法

インフォーマル・パワーの採点が済んだら、次に、どうすればその点数を上げられるかを説明しよう。

提供できる価値を高める

インフォーマル・パワーが不足していることが判明した場合、まず着手すべきことは、前述のステップ①でリストアップした人々に対し、いま以上の価値を提供して関係を強化することだ。自分はどのような価値を提供できるかを考えよう。

ステップ③での自己採点を引き上げる方法は、喜んでもらえるスキルを身につけ、磨きをかけることだ。そして、自分から進んでそのスキルを使って、やってあげて当然というレベルを超えて相手を助けるのだ。

どんなに役立つスキルを身につけても、それを使って相手に知ってもらわなければ宝の持ち腐れである。

仕事の幅を広げる

自分の仕事を見直して、社内のさまざまな業務に貢献できるように、仕事の幅を広げていこう。機能横断的な業務に進んで参加することも大切だ。組織内での水平移動は、インフォーマル・パワーの観点からは一種の「昇進」と考えることができる。ワークフローが交差する場所に身を置くことによって、社内のさまざまな人と出会い、そこから学び、価値を提供することができる。

相手のニーズを知る

利害関係者や協力者を個人的によく知ることも大切だ。自分にとっては簡単なことでも、別の人にとっては大きな価値があるかもしれない。誰かの役に立とうとする時、すごく重要な貢献をしなければならないとか、大きなメリットを与えなければならないと思い込んでしまうと、何もできなくなる。

相手と相手のニーズをよく知ることで、バランスの取れた考え方ができる。また、助けの手を差し伸べる分野を、仕事や専門領域に限定する必要もない。

仕事以外のネットワークを開拓する

仕事とは直接関係のない領域で、何らかの団体に参加してネットワークを広げよう。趣味や社会活動のための団体やグループに参加することは、仕事の付き合いを超えてネットワークを広げるうえで大きな効果がある。

私が個人的に知っているライフサイエンス分野の起業家は、スイミングクラブで親しくなった友人から、ベンチャーキャピタルがこの分野の企業に投資する際の基準を教えてもらった。そして彼に最初に投資してくれたのは、スイミングクラブのその友人だった。

仕事を離れた自分の価値を知る

自分の価値を、組織上の役割や肩書だけに頼ってはいけない。もしそうなら、そのうち困った状況に追いやられることになる。遅かれ早かれ、もっと給料が安く、もっと若く、もっと賢い誰かが入社してきて、あなたに取って代わるだろう。

組織のなかでも外でも通用する存在になることで、さまざまな関係者に価値を提供できるようになれば、可能性を切り開いていくことができる。それは、いま所属している会社に付加価値をもたらすことにもつながる。

マキシム・シッチ（Maxim Sytch）
ミシガン大学スティーブン・M・ロス・スクール・オブ・ビジネス准教授（経営および組織論）。社会的関係のネットワーク、組織内および組織間の影響力のダイナミクスについて研究している。

4

リーダーが持つ力を行使しないことの弊害

ロン・カルッチ
Ron Carucci

"4 Ways Leaders Fritter Their Power Away,"
HBR.ORG, October 29, 2015.

多くのリーダーは、力を行使することを無意識に恐れている

「何が嫌だといって、権力闘争に熱心だと思われることほど嫌なことはない」

これは、ある企業の幹部が私にもらしたつぶやきだが、多くのトップリーダーが同じような気持ちを持っているのではないだろうか。

会社のお金を横領したり、賄賂を受け取って便宜を図ったり、不祥事に巻き込まれたりする経営者は、記事の見出しを飾り、当然のように嘲笑される。しかし、私たちが一〇年間続けてきた調査によると、悪をなさなくとも機能不全に陥ってしまった経営者も、それと同じぐらい危険である可能性が高いことがわかっている。もちろん、数もそのほうがはるかに多い。

私たちは一〇〇人以上の新任幹部を含む二七〇〇人以上をインタビューした。その結果、パワーの恣意的利用という誘惑には警戒が必要だが、もっと大きな問題は、パワーの放棄だということがわかった。

部下を平等に扱いたい、部下には自分は評価されていると感じてもらいたい、組織の一員だと実感してもらいたい——難しい決断に伴うリスクを回避したいと考えるリーダーは、力をど

う行使するかで苦労していた。

インタビューしたリーダーの五七％が、意思決定は思った以上に複雑でリスクが高いと感じていた。六一％が、部下の要請に応えるのに必要な時間が取れないと感じているが、部下を助けてくれない人だと思われたくないので断るのも気が引けると感じていた。

このようなリーダーは、部下を喜ばせたい、部下に好かれたいというニーズや、破滅的なエラーを犯す恐れによって、無力感を感じていた。驚いたことに六〇％が、部下から実際に持っている以上の権限があると思われていると感じている。さらには、調査対象者の半分近くが、自分に与えられている権限のレベルでは、自分の責任や目標を達成することはできないと考えている。

リーダーなら誰でも、「自分はそれなりのリソースを持っているのに、何も実現できていないのはどうしてだろう」と嘆いたことがあるだろう。私たちは、新任マネジャーから頻繁にこうした声を聞く。その一方で、リーダーは自分が持っているパワーを放棄することに罪悪感を抱いている。

リーダーによるパワーの放棄のなかでも、とりわけ多く発生しがちであり、かつ破壊的なものを四つ挙げておこう。

決断麻痺

決断麻痺は最も広く見られるパワーの放棄の形態の一つで、組織に致命的な悪影響を与える可能性がある。

あるマネジャーは、決定したことを徹底できないために「ワッフル」（曖昧、煮え切らない）というあだ名をつけられていた。彼はしばしば最後の意見に振り回され、自分なりの決断を下すことができなかった。データの裏づけもあり、支持してくれる者もいるのに、最終的な結論を述べることができなかった。

彼が主催するミーティングは、何かが決まったのかさえ曖昧なまま終わることが多く、混乱を引き起こしていた。部下たちは、この曖昧さを都合よく利用し始めた。最終的な決定内容が明確にされないために、結論を自分たちの考えに合わせて解釈するようになった。その結果何が起こっても、「ボスが決めたことだ」と言えるので、部下たちはリスクを最小限に抑えられることになる。

過剰なインクルージョン

パワーの放棄の二番目は、部下を意思決定に参加させすぎることである。これもまた、リーダーの決断の足を引っ張る。怖がりのリーダーは、多くの人を意思決定に巻き込んでリスクを分散させようとする。決定内容によって直接の影響を受ける部下を決定に参加させることは大切だが、実行力を損なうような過剰なインクルージョン（包摂）は健全な合意形成どころか、むしろ責任の隠蔽である。

多くの回答者が、マネジメント層に見られるこのパターンを腹立たしげに指摘している。ある新任マネジャーは、「意思決定の責任を分かち持つ人の数の多さにはあきれてしまう。意思決定の質を高めることよりも、合意形成の形式を整えることに時間とエネルギーを奪われてしまっている。リーダーになったのだから、自分にはもっと権限が与えられると思っていた」と嘆いた。

新任マネジャーには、人気のない意思決定に対する敵意に耐えられる図太さが必要だ。これを避けようとするインクルージョンは、リスク分散になるどころか、かえってリスクを増大させることになる。

調整重視

パワーの放棄の三番目は、大事なことを犠牲にし、部下の意図に迎合することである。このようなリーダーにも困らされる。

たしかに、プロジェクトの進行を左右する意思決定への参加意識を持たせれば、自分事として考えることができるため、それなりのエンパワーメント効果が生じるものの、組織全体の目標が犠牲になってしまったら本末転倒である。

リーダーなら、方法論については部下に選択の自由を残しながらも、戦略的次元では自らの権限と責任で明確な方向性を打ち出さなくてはならない。それは可能なはずだ。部下が求めることを何でもかんでも承認するのは、権限委譲ではなく責任放棄である。

優先順位と焦点を絞り込んでチームを一つにまとめ上げ、実行力を強化することは、すべてのリーダーに求められる貢献の一つである。「イエス」と言わなくてはならないニーズが、「ノー」と言う勇気を抑え込んでしまうと、組織はまとまりを失い、最悪の結果を招くことになる。

低パフォーマンスの容認

パワーの放棄の四番目のパターンは、低パフォーマンスを容認する態度だ。優先順位が混乱し、リソース配分が適切に行わなければ、組織のあちこちでパフォーマンスが低下する。あるいは、猫の目のように優先順位が変わるようでは、誰も計画を真剣に受け止めなくなって、戦略の推進にコミットできなくなる。

混乱を招いた張本人であるエグゼクティブは、自分の失敗を隠すためにパフォーマンスの急激な低下を問いただすことができず、容認するしかなくなる。逆説的だが、あまりにも多くの「イエス」を乱発することは、権限委譲にならないだけでなく、オーナー意識を弱めてしまい、業績悪化の落とし穴へと会社を導くことになる。

*　*　*

リーダーが責任を全うするためにはパワーが不可欠だ。リーダーとしてのレガシーを確実に残すための通貨とも言える。

パワーがあれば、組織の不正を正し、有望な人材を育て、成果をもたらすことができる。望ましい結果を得るためには、自分が持っている影響力を恐れるのではなく――慎重なコントロールの下で——受け入れなくてはならない。

ロン・カルッチ（Ron Carucci）
米コンサルティング会社ナバレント共同創設者、マネージングパートナー。組織やリーダー、業界の変革を目指す企業のCEOと幹部を支援する。ベストセラー作家でもあり、著書にアマゾンランキングで一位になった*Rising to Power*（未訳）などがある。

5

部下に「自分には力がある」と感じさせることの効能

ハリソン・モナース
Harrison Monarth

"Make Your Team Feel Powerful,"
HBR.ORG, May 07, 2014.

従業員に力を与え、自立的な思考の持ち主へと成長させる

部下が自分自身をパワフルに感じるように手助けをすることで、生産性が向上し、パフォーマンスが上がり、仕事への満足感も得られることが研究によって判明している。テルアビブ大学のヨナ・キファーが実施し、『サイコロジカル・サイエンス』誌で発表した研究では、権限を行使できるポジションに就いている従業員は、権限のない従業員より自分の役割に二六%以上高い満足をしていることがわかった。(注1)

また、力があると感じると、より強いオーセンティシティ（本来の自分らしさ）と幸福を感じることも研究によってわかっている。力を持つことで被験者は、「自分らしい、ありのままでいられる」という感覚を得ることができ、自分が大事にしている価値を真正に反映する行動に従事できるようになる。このオーセンティシティという主観的な感覚が、人間の福祉と幸福を高めるのである。

しかしギャラップの調査によると、米国の労働者の七〇%が、雇用されている会社との関係に不満を持ち、コミットしていないという驚くべき結果が出ている。ギャラップは、そのよう

な無気力は年間四五〇〇億ドルから五五〇〇億ドルに相当する生産性低下を招いていると推定している。(注2)無気力に陥っている労働者は、自分たちにそれほどの力があるとは感じていないのではないだろうか。

毎朝祈るだけで幸福感が高まるなら世話はないが、そうはいかない。複数の業界で働く約六〇万人の労働者を対象にした、ギャラップの別の世界規模の調査では、現場の従業員が組織を変革するために自主的に動くようになるためには、上司のサポート、承認、頻繁なコミュニケーション、信頼が不可欠であることがわかっている。(注3)

言い換えれば、権限の感覚を染み込ませ、持続的なエンゲージメントを実現するためには、組織全体のサポートが必要だということだ。

それとは対照的に、過度に構造化された経営主導のエンパワーメント・プログラムで改善に取り組んでも効果がないということを、イリノイ大学の研究者たちが発表している。そのようなプログラムでは、従業員は自分の意見を述べる機会がないまま強制されていると感じる傾向があるからだ。(注4)

そのような上が主導する方法ではなく、従業員が効果的だと思う改善策を実行できる自主性を与えられれば、どんなに権限のない従業員でも、組織をより効率的にする方法を進んで見つけようとすることが判明している。

マネジャーはコーチのような役割に徹して、部下に指示とサポートを与えるのが賢いやり方だ。最終的に会社を良くする改善策をいちばん知っている最前線の従業員を信頼して行動するのが得策なのである。

ゴペシュ・アナンド、ディリプ・クハジェド、ルイス・デルフィンの共同研究によると、従業員は日々の仕事の進め方を自主的に判断でき、上司もそれを尊重してくれると感じている時に、組織に対して最も献身的になることがわかっている。このような力の感覚と、リーダーシップとの間の相互信頼があれば、従業員は日常業務の改善方法を進んで模索し続け、組織の効率は向上する。

従業員が信頼されていると感じ、自主性に任されていると感じたら、会社の目標を達成するために強くコミットするようになる。そう感じられる組織に変わるための全社的な取り組みを、マネジャーはまず自分のチームで始めることができる。

自分で自分の状況をコントロールできる、という感覚が必要

従業員に力を与え、自立的な思考の持ち主へと成長させるための方法としては、重要な問題について率直な意見を言うように励ます、リーダーシップ権限を委譲し共有する、管理的業務を委譲する、頻繁なコミュニケーションを行う、失敗をとがめず学習の機会として活用する、といった方法がある。そうすれば彼らはリスクを取ることを恐れず、組織を前進させるために積極的に貢献し始める。

すべての従業員をリーダー権限のあるポジションに引き上げる必要はない。やろうとしてもできることではない。しかし、優れたマネジャーは部下に対して、肩書を必要としないエンパワーメントを行うことができる。

人間は本能的に高いステータスを望むが、エージェンシー（行為主体性、その行為を可能にする能力）も同様に重要であることを、ロンドン・ビジネススクールのエナ・イネーシが発見した。

彼女が行った行動心理学の実験では、研究参加者は最初に「力がある」もしくは「力がな

い」という感覚をプライミング（前もって条件設定を行う実験心理学の手法）されたうえで、選べる品数は少ないが近くの店で買い物をするか、選べる品数は多いが遠くにある店で買い物をするかを選ばされる。

無力であるという気分を注入された参加者は、多くの選択肢をほしがったが、力があると感じさせられた参加者は、少ない選択肢で満足した。

これについて、「組織のなかで低レベルな単純作業を行っている人の顔を思い浮かべてください」とイネーシは言う。(注5)「一見無力そうな人に、意味ある仕事をしていると感じるような進め方を選べるようにしたり、参加するプロジェクトを選べるようにしたりすれば、同じ作業をしていてもより深い満足を覚えることができるのです」

従業員には、自分で自分の状況をコントロールできるという感覚が必要だ。変化が激しく不確実性の高い時代には、特にそのことが言える。それがないと、ペンシルバニア大学の心理学者マーティン・セリグマンが「学習性無力感」と呼ぶ状態に陥り、何かを試そうという気持ちを失ってしまう。

それと同様のことが、ハーバード大学心理学教授のエレン・ランガーが行ったマインドフルネスと「選択」に関する研究によって判明している。老人ホームで暮らす高齢者を対象として行われた彼女の研究によると、生活環境を自分で選べる選択肢を与えられた高齢者は、与えられなかった高齢者より、数年のオーダーで寿命が延びることが判明している。

トム・ピーターズはかつて「優れたリーダーは、フォロワーではなく新しいリーダーを育てる」と言った。従業員に真の自主性を与え、自分には権限があると感じてもらうことには、職責放棄や無関心といった傾向に歯止めをかける効果があるだけでなく、競争戦略の中核とも言うべき重要性がある。

ハリソン・モナース（Harrison Monarth）
エグゼクティブ・コーチ。企業やリーダーとともに、行動変容、オーセンティック・リーダーシップ、効果的コミュニケーションなどの強化に取り組んでいる。著書に『ニューヨーク・タイムズ』のベストセラーとなった*The Confident Speaker*、国際的に好評を博した*Executive Presence*、*Breakthrough Communication*などがある（いずれも未訳）。

6

感情は、良くも悪くも伝染しやすい

ピーター・ブレグマン
Peter Bregman

"How to Use Your Super Power for Good,"
HBR.ORG, February 15, 2011.

憂うつな気分を一瞬で吹き飛ばす、魔法のような力

私は折りたたんだ自転車をかついで、マンハッタンにあるオフィスビルのロビーへと向かった。受付デスクの後ろにいた警備員は一瞬私を見上げたが、すぐ下を向いて、何かぶつぶつとつぶやいた。

「すみません、何とおっしゃいましたか？」と私は尋ねた。

彼は大きなため息をつき、私のほうを見ようともせず、「そんなものを持ち込まないでくれ」と言った。

ここに来る途中、タクシーと接触しかけてヒヤリとしたが、この警備員の言葉でさらに気が滅入った。落ち込んだのは、持ち込ませてもらえないという事実のせいではなかった。

自転車をビルに入れさせてくれない警備員なら、それまでに何度も遭遇している。私を傷つけたのは、人を小馬鹿にしたような彼の冷たい口調だった。

それでも私は、努めて冷静さと明るさを保とうとした。折りたたんで小さくした自転車を持ち上げて見せ、バッグのなかに入れられることも説明した。だが彼は同じ言葉を繰り返した。

ニューヨーク市には、貨物用エレベーターのあるビルは自転車の持ち込みを認めなくてはならない、という条例がある。私が「事業用建造物への自転車乗り入れに関する条例」を持ち出すに至って、警備員はようやくなかに入らせてくれた。

貨物用エレベーターの前に着いた時、操作ボタンの横に立っていたオペレーターはカゴを止めて、工事関係者と雑談をしていた。私は彼に微笑んで、怪しい者ではないことを伝えた。しかし彼はちらりと私を見ただけで、そのまま雑談を続けた。

話が終わるまで数分間、不快な思いをしながら待つしかなかった。話が一段落したところで、「一九階まで行きたいんだけど」と言った。

彼はその言葉には反応せず、ビルのテナントの悪口を吐き捨てると、無言のまま一九階のボタンを押した。そして一九階で降りると、そこは小さなホールで、閉じられたドアがあるだけだった。

どうやって入るのかを振り返って尋ねようとした時、エレベーターのドアは閉まりかけていて、オペレーターは「呼び鈴を押せ」とドア越しに怒鳴った。最悪の気分で、これのことだろうと思われるボタンを押した。

だがその瞬間、憂うつな朝がまるで魔法のように一変した。

「あなた、きっとピーターね。ようこそ！」

受付のリサがドアを開け、歌うように弾んだ声で私を迎え入れてくれた。彼女は私に微笑みかけ、それから怪訝《けげん》な表情で、「どうして貨物用エレベーターで上がってきたの？」と尋ねた。

ここまでの経緯を話すと、彼女は私の気持ちを察して顔をしかめた。「それはないわよね。ごめんなさい、私に自転車を運ばせて」

私は嬉しくて泣きそうになった。リサは一瞬にして世界を逆転させた。私の感情は怒り、フラストレーション、憂うつといった負のスパイラルから、安堵、感謝、幸福という正のスパイラルへと一転した。

その時私は、「誰もが魔法のような力を持っている」ということに気づいたのだった。

自分の感情には、自分で責任を持つべきである

私たちはジェスチャー、表情、言葉、声のトーンといったごく簡単なことで、人を良い気分

にさせたり、悪い気分にさせたりすることができる。だが、自分の不機嫌な気持ちを人のせいにすることにはたして問題はないのだろうか。自分の感情には、自分で責任を持つべきではないだろうか。

感情はありふれた風邪のように伝染することを私たちは知っている。ニューヨーク大学のキャロライン・バーテルとミシガン大学のリチャード・サーヴェドラは、さまざまな業界の七〇のワークグループを研究し、一緒に働いている人々の間では、良いムードであれ悪いムードであれ、やがて全員に広がることを発見した。(注1)チームの気分は一つに収斂するのである。

この事実は権威ある立場の人にとって特に重要な事実だ。リーダーは誰よりもムードを設定し、広めていく存在だからである。オフィスで働いたことがある人なら、経験上このことを知っているはずだ。上司の機嫌が悪ければ、職場でもめ事が増える。機嫌が良ければ、みんな明るい気分になる。

では、廊下ですれ違った同僚につっけんどんに接しても、それは自分の責任ではなく、地下鉄でぶつかったのに謝らなかった人間の責任だということだろうか。

この疑問については、こう考えるとよい。誰かから風邪をうつされたからといって、他人の顔の前でくしゃみをしてもいいということにはならない。自分の気分を誰かのせいにすることはできたとしても、人にどんな気分を伝えるかの責任は自分にあるということだ。

「親切」は悪いムードを吹き飛ばす

とはいえ、風邪をひいた時に他人に感染させないようにするのは難しい。数年前、私は小売企業のシニアマネジャーであるレネーからコーチングの依頼を受けた。彼女は部下に厳しすぎるという評価を受けていた。しばしば声を荒げ、失敗を容赦なく批判し、仕事がわかっていないと責めて部下の面子を傷つけていた。

レネーについて職場の同僚に話を聞いてみると、レネーの上司であるCEOも、直属の部下を同じように扱っていることがわかった。短気で、怒鳴り散らし、部下に完璧を求めるリーダーだったのだ。

もちろん、CEOがそうだからといって、レネーも同じように部下を扱ってもよいということにはならない。ただ、CEOがそうなら、レネーが部下に厳しくあたらずにいるのは難しいということは言える。

ムードは仕事のパフォーマンスに影響を与えるので、これは経営の問題でもある。イェール大学のシーガル・バーセイの研究によると、ポジティブな気分は協調性を高めて対立を減らし、パフォーマンスを向上させることがわかっている。

そのことを踏まえて、レネーはどうすればよいのだろう。あるいは、私たちは自分の感情とどう向き合えばよいのだろう。

自分の感情を見つめ、どんなムードを醸し出しているのかを意識し、それを風邪と同じように考えるとよい。もし悪い気分に感染していると感じたら、深呼吸をして、自分の気持ちを見つめ、人にそれを伝染させないと決めるのである。そして、共感、気遣い、ユーモアを持って人に接することに努めよう。そうすれば、相手を幸せな気分にすることができ、つながりが深まり、良いものが生まれることだろう。

一つ良い知らせがある。バーセイの研究によると、ポジティブな気分もネガティブな気分と同じように伝染することがわかっている。

とはいえ、自分のムードは本当に自分で選択できるものなのだろうか。悪いムードの時でも、意思によって幸せでいることができるのだろうか。私は、幸せなふりをするのは難しいし、正直ではないし、不誠実だとさえ思う。

しかし私は、そうした問題を一気に解決するシンプルな方法を発見した。「親切」である。自分がどんなに悪いムードを引きずっていたとしても、他者に親切に接するのは、それほど難しいことではない。それは確実に、周囲の人にプラスの影響をもたらす。そして、おや不思議、自分のムードもつられて良い方向に変わっていくのである。

＊　＊　＊

リサに案内されて、私はクライアントの部屋に入った。ほがらかな受付のおかげで憂うつな気分が吹き飛んだと話すと、クライアントもこんなエピソードを聞かせてくれた。

ある日、リサが体調を崩して出勤できなくなったため、フランクという無口で控えめな男性が代役で受付をすることになった。フランクは性格的に、歌うように来客を迎え入れるタイプではなかった。

だがフランクは、リサのほがらかな声と態度に慣れ親しんでいた。毎朝、他の全員がそうであるように、リサの元気な声を聞きながら席に着き、明るい人柄を感じさせる業務連絡メールを受け取っていたからだ。

リサの代役を頼まれた日、彼女の快活さを思い起こしたフランクのなかで、不思議な思いが芽生えた。

その日の朝一番、無口で控えめなフランクは、誰に言われたわけでもなく自らの意思で、オフィスの全員に同報メールを送った。

「今日のランチは……みんな大好きな、ピザ！　今日も一日、頑張ろう！」

ピーター・ブレグマン（Peter Bregman）
ブレグマン・パートナーズCEO。各界のリーダーたちに、個人的成長、効果的なチーム構築、組織としての成果向上を実現するための支援を行っている。著書にベストセラーとなった『最高の人生と仕事をつかむ18分の法則』（日本経済新聞出版）、*Leading with Emotional Courage*（未訳）などがある。「ブレグマン・リーダーシップ・ポッドキャスト」のホストを務める。

7

ボスらしく振る舞った日は、帰宅後も気分が晴れない

トレバー・A・フォーク
Trevor A. Foulk
クロディアナ・ラナイ
Klodiana Lanaj

"Feeling Powerful at Work Makes Us Feel Worse When We Get Home,"
HBR.ORG, June 13, 2017.

力を振りかざす上司はどこにでもいる

あなたは、力を振りかざすような上司に、見下されたり、傷つけられたり、動揺させられたりしたことがあるだろうか。

断言してもかまわないが、そんな体験は誰にでもあるだろう。自分に力があると感じると、それを濫用していじめや虐待的行為に手を染める人が多いことは、たくさんの研究で明らかになっている。まさに「権力は腐敗する。絶対的な権力は絶対的に腐敗する」(注1)という格言の通りである。

そんな嫌な目に遭った従業員は苦しみ、パフォーマンスが低下し、創造力が低下し、仕事を辞める可能性が高いこともわかっている。(注2)一方、力を盾に部下につらくあたった上司の側は、自分のネガティブな行為に影響を受けないことが多く、何事もなかったかのように仕事を続けることが研究によってわかっている。

しかし、力を振りかざすリーダーにとっても、力の行使には代償が伴うとしたらどうなるだろう。

力を持つ者にも、相応の負担がのしかかる

その可能性を探るために、私たちは一〇八人の管理職を対象として、一〇日間連続の調査を行った。(注3)対象者はヘルスケア、エンジニアリング、教育、銀行など、業界も仕事内容も違う人々だ。

管理職なので当然、地位(肩書)や職務に応じた組織構造上の力(権限)を持っているわけだが、調査の結果、自分が持っている力をどの程度感じているかは日々変化し、特定の出来事によって強まったり弱まったりすることがわかった。特定の出来事とは、承認や却下の意思決定をする、良くも悪くも業績の責任を問われる、経営会議に出席する、雇用や解雇の決定に関わる、といったことだ。

調査対象者が日々自覚する力の感覚をコントロールするため、調査期間の一〇日を、五日間の「パワー・デイ」と、それと比較対照するための五日間の「コントロール・デイ」に無作為に割り振った。

パワー・デイには、マネジャーたちに、自分が誰かに何らかの形で力を振るった時のことを

思い出して文章に書いてもらい、加えて、力を意識させる簡単な単語の穴埋め作業をいくつかしてもらった。穴埋め問題は、たとえば、「p_w_r」という文字列を見せて、「power」（力）という単語を答えてもらうというものだ。このようなワークが力の感覚を活性化させることが研究によってわかっている。

コントロール・デイには、パワー・デイと似ているが、力の感覚を刺激する効果のないワークをやってもらった。たとえば、その日の通勤の模様を説明する文章を書いてもらったり、力とは無関係な中立的な単語（たとえば「i_la_d」）で穴埋め問題に答えてもらったりした。

調査期間中、実験協力者は部下や同僚や上司との間で業務上のやりとりがあり、一日に何度も、さまざまな強度とさまざまな形で力を行使する機会がある。そうした機会に、パワー・デイとコントロール・デイの意識づけがどのような影響を及ぼすかを調べたのがこの実験である。

私たちは毎日三回、回答を書き込んでもらうためのサーベイ・リンクを調査対象者に電子メールで送った。

- 一回目：調査対象者が前述の「パワー・デイ」と「コントロール・デイ」のワークを行う

（午前八時二八分頃）

- 二回目：一日の勤務が終わる頃、調査対象者によるいじめや虐待、マナー違反の行為などについて、周囲の人々からの報告を収集（午後五時二三分頃）
- 三回目：調査対象者が帰宅後、その時点で感じているニーズの充足感やリラクゼーションの程度を報告（午後八時二四分頃）

この調査の結果は、力にはそれを持つ者を堕落させる性質があるとする多数の文献と一致するものだった。調査対象者の力の感覚が強化されたパワー・デイには、他者とネガティブなやりとりが増えたことが報告されている。

ネガティブな相互作用には二つのパターンがある。

一つは、マネジャーから相手への虐待的行動で、怒鳴る、毒づく、失礼な態度を取る、からかうといった行為が増えた。もう一つは、マネジャー自身が他者から無礼な態度で接せられたという感覚で、プロフェッショナルらしからぬ態度で話しかけられた、見下した口調で話しかけられた、自分の発言や意見に注意を払ってもらえなかった、などと感じることが増えた。

以上の知見は、力の心理的影響に関する先行研究とよく一致する。力を持つと、他者を心理的に遠い存在、取るに足らない存在、自分の目的のための手段として見るようになり、虐待を助長する。同時に、自分には力があると感じると、自分は特別な存在だと思うようになり、他者から注目、尊敬、好意を向けられるのが当然という気持ちになる。しかし、そのような期待は満たされないことが多いので、無礼な扱いを受けたと感じることが増えるのである。

私たちの調査結果は、力がリーダーに与える影響について暗い側面を強調するものとなったが、救いがないわけではない。

第一に、すべての人が、力を持つことによって同程度の心理的影響を受けるわけではない。たとえば、リーダーの性格特性を併せて調べると、協調性の高いリーダーほど、力を感じても他人を罵倒することが少ないことがわかった。

協調性の高い人は、他者の幸福を気にかけ、同僚との良好な関係を維持することを優先する。社会の調和を維持したいという生来の願望があるため、力を獲得しても、それを濫用して虐待に走ることが少ない。「権力は絶対的に腐敗する」と言われるが、私たちが信じているほど絶対ではないのかもしれない。

第二に、力を持つ者もまた、自らの悪い行動によって傷ついている。夜、自宅からの回答結果によれば、その日、他者に虐待的な行動をした、あるいは他者から無礼と感じる対応をされたと感じたマネジャーは、一日の終わりに十分な充足感を得ておらず、リラックスしてくつろぐことができていなかった。自己評価においても、能力、他者とのつながり、自律性に欠けていると感じていた。

まさに「力による悪酔い」とでも言えそうだ。日中に力を行使したことの影響が、夜の家での幸福感を低下させているのである。

全体として、力の行使の体験は、マネジャーのニーズ充足度の変動の一五％、リラクゼーションの変動の二％に影響を及ぼしており、朝のうちに行ったちょっとした力の行使でさえ、幸福感に与える影響が夜まで続くことが示唆されている。

力の副作用を自覚する

なぜ力は、家に帰った後でさえリーダーの幸福感に影を落とすのだろうか。

一つの理由は、力を背景に行われたネガティブな相互作用が、このままでは職場で力を持ち続けられないのではないかという恐れを惹起するということかもしれない。嫌な目に遭わされた部下が報復的行動に出たり、言うことを聞かなくなったりするかもしれないという不安である。あるいは、家で自分の行動を振り返った時、仕事の場で適切とされる規範に反していたことを自覚して罪悪感が芽生えるからかもしれない。

たいていの人はパワーや影響力を持ちたいと考えているが、私たちの研究によれば、力はその持ち主によからぬ行動を促すだけでなく、家庭でもすぐれない気分にさせることがあることもわかった。力については、それを持つことのプラス面だけではなく、代償についても考えておく必要がある。

力のある立場に就いている人は、その力が他者との相互作用に対してだけでなく、自分自身の幸福にもマイナスの影響を与えていることを知っておくことが重要だ。信頼できるメンターや同僚に頼んで、職場での自分の行動について、問題があったら指摘するよう頼んでおくとよいかもしれない。組織としては、力の濫用を防ぐために、誰を高位の役割に就かせるかを決める時には、協調性を基準に加えることも有効かもしれない。

「大きな権力には大きな責任が伴う」とよく言われるが、私たちの研究は、大きな権力には大きな苦しみも伴うということを示している。

トレバー・A・フォーク（Trevor A. Foulk）
メリーランド大学ロバート・H・スミス・スクール・オブ・ビジネス助教授（経営・組織学）。組織におけるパワー・ダイナミクスと逸脱行動を研究している。

クロディアナ・ラナイ（Klodiana Lanaj）
フロリダ大学ウォリントン・カレッジ・オブ・ビジネス ウォルター・J・マザリー記念講座教授。

8

セクハラ、パワハラが横行する社会を変える

ダッチャー・ケルトナー
Dacher Keltner

"Sex, Power, and the Systems That Enable Men Like Harvey Weinstein,"
HBR.ORG, October 13, 2017.

男性優位の文化がはらむ大きな問題

大物映画プロデューサー、ハーヴェイ・ワインスタインが複数の女優からセクハラ行為で訴えられ、映画界が騒然となった。

ワインスタインの強奪的な性犯罪行為を知った時、それにふさわしい罰として私の頭に真っ先に浮かんだのは、何世紀も前のルネサンス期のヨーロッパで使われていた「恥の仮面」(豚の鼻などを模した仮面を犯罪者などに装着して侮辱し嘲笑した)や、映画『時計じかけのオレンジ』に出てくるような刑罰(残虐な映像を強制的に見せられ、あらゆる暴力行為に生理的拒絶反応を引き起こす罰)だった。

不正を知った時、罪を犯した人間を罰し、排除したくなるのは自然な反応である。

しかし、力の社会心理学に関する研究は、そのような力の濫用を引き起こした社会システムについて深く考えることも必要であることを示唆している(もちろん当の犯罪者を無罪放免にするということではないが)。

私を含めて社会科学者は、この二五年間にわたり、自分に力があると感じることで普通の市民が犯してしまう過ち、すなわち「力の濫用が引き起こす蛮行」とでも呼べるものを記録してきた。

社会心理学の実験で、無作為に選んだ人々に力のプライミング（力を感じさせる条件づけ）を行った実験では、「パワフル」と条件づけられた実験協力者には二つの問題行動の傾向が生じることが認められている。

一つは、共感能力の欠如である。他者の感情を読み取れず、他者の立場で物事を見ることができなくなる。もう一つは、衝動的に、職場で求められる倫理に反する行動をする傾向だ。（注1）ある実験では、力を付与された実験協力者たちは、表情一つ変えることなく、平然と子どもたちからキャンディを奪った。（注2）

私たちの研究から、男性優位の状況下では、この二つの傾向が不適切な性行動として表れることがわかっており、それはワインスタインに暴行された女性たちの証言とも合致している。研究によると、権力を持った男性は、自分に向けられる性的関心を過大評価し、周囲の女性たちは自分に引かれているという誤った認識を持ってしまうことがわかっている。（注3）

また、力を握った男性は、仕事に性的な要素を持ち込む傾向がある。密会や不倫の機会を探し、不適切な色目を使ったり、必要以上に接近したり、長時間身体に触れることが常態化するなど、許容できる一線を越えてしまい、さらに醜悪な行為へと至ることがある。(注4)

実験研究で得られたこうした知見から、力の濫用による問題行動は予測可能であり、繰り返し行われることがわかる。過去のニュースを振り返れば、確かにそうだ。長年にわたって力について研究しているが、毎年、権力者による性的虐待のケースが次々と明るみに出てくる。宗教団体、軍隊、国政、ウォール街、社交クラブ、スポーツ界、メディア、ハイテク、研究室、そして大学など、ありとあらゆる場所と状況下で起こっている。

私たちは、スタンレー・ミルグラムによる「権威への服従」についての研究から学ぶ必要がある。何がナチス・ドイツを生んだのかを追究したミルグラムの研究に触発された後続の諸研究は、権威主義的な環境のなかに置かれると、善良な普通の市民が、道ですれ違っただけの見知らぬ人に致死的な衝撃を与えることさえあることを示している。

同様に、権力に対して外からの抑制が働かない場合、私たちは権力の濫用に対して脆弱になり、加担させられてしまう。起こっていることに問題を感じても、それを止めるために行動を起こす人は少ない。

犯罪者に最大の罪があるのは当然だが、だからといって、犯罪を知っていながら何もしなかった周囲の人々が免罪されるわけではない。ワインスタインの会社の従業員は、ワインスタインの蛮行を知っていながら止めなかったと報じられているが、それに比べれば自分はましだと考えるのも間違っている。

力の濫用が起こらない社会を目指すには

私たちが取り組むべき課題は、権力の濫用が発生してしまう社会、濫用が抑制されることなく続いてしまう社会のあり方を変えることだ。これについては、権力の社会心理学がいくつかの洞察を提供している。

第一に、私たちは権力者に虐待されている人々の話を聞く必要がある。そのような体験を共有するのは難しく、不安になるものだ。ワインスタインの犯罪であれ、誰の犯罪であれ、いじめや性的虐待の被害を訴え出た勇敢な人たちを称えたい。

被害者の声は社会を刺激して変化を引き起こす。たとえば一七〇〇年代、奴隷船で運ばれる奴隷の話が英国市民の耳に入り始めると、奴隷貿易についての道徳観が変わり始め、やがて奴隷禁止法が施行されるに至った。勇気を持って犯罪を告発することは、力のある者の評判を傷つけて権威を失墜させ、衝動的行動を抑制する手段として機能するのである。

私たちはまた、女性が力のある地位に就くことで、汚職率の低下や収益性の向上など、多くのメリットがあることを学びつつある。(注5) ハリウッドは最も男性優位な世界の一つで、映画監督のうち女性はわずか四％しかいない。女性の監督やプロデューサーが増えていけば、映画製作の世界での男女のパワーバランスが変わっていくだろう。

そのような社会体制の変化が性的虐待の発生を減らすことも、研究によって示されている。たとえば、少数民族は、白人の数的優位が高まるほどヘイトクライム（憎悪犯罪）の標的にされる可能性が高まる。異なる集団間の数的バランスが取れれば、力の濫用を抑制することができる。(注6)

一人ずつでは力が弱い人も、多くの仲間をまとめ上げることができれば、力が濫用されている実態に社会の注目を集めやすくなる。それにより、権力者に真実を語らせることができる可能性が高まるだろう。

上に立つ者の都合でつくられた神話を、過去の遺物とせよ

最後に、私たちは力の濫用を支えている神話と戦う必要がある。高圧的で強制的な権力は、社会的神話を使って、上に立つ自分たちの立場や恣意的行動を正当化し、自らの立場を強化していることが、社会科学の研究によって明らかになっている。

私たちはこれまで、「女性は生物学的に、人の上に立って指導する力がない」とか、「アフリカ系米国人に投票権を与える価値はない」などと聞かされてきた。また、「彼は人を怒鳴りつけるし、一線を越えることがあるが、間違いなく天才だ」といった類いの言い分を耳にすることも多い。ハリウッドお気に入りのフレーズは、「女は誰でも力のある男に引かれるのさ」というものだ。

だが、科学的研究で判明している事実はまったく異なる。力を剥奪された女性は（男性も同じだが）、不安や自意識や心配が飛躍的に高まり、性的なものも含めて喜びや満足を感じることはない。(注7)

いま私たちは、社会にはびこる性的暴力との戦いの流れを変える転機にさしかかっているの

かもしれない。世の中にはハーヴェイ・ワインスタインのような人間がたくさんいることを認識し、力を濫用する人間の傾向を過去の遺物にするような方向に社会を変えていかなくてはならない。

ダッチャー・ケルトナー（Dacher Keltner）
カリフォルニア大学バークレー校教授（心理学）。著書に*Born To Be Good: The Science of A Meaningful Life*（未訳）がある。

9

自分では気づいていない特権を周囲のために活かす

ドリー・チュー
Dolly Chugh

"Use Your Everyday Privilege to Help Others,"
HBR.ORG, September 18, 2018.

知らず知らずのうちに手にしている特権はないか

私は自分がストレートであることをつい忘れてしまう。普段それを意識することがない。週末に何をして過ごしたかを同僚に話す時も、デスクの周りに家族の写真を飾る時も、それが誰かを不快にさせるとか、ジョークのネタにされて傷つくといった心配はしない。

誰かと話す時も、自分がその相手に好意を抱いているという誤解を与えるのではないかと心配することなく、自然に話すことができる。私たちの文化は、私のようなストレートの人間にとっては、ほとんど何も考えずに自分自身でいられるようにできている。

しかし、たとえばゲイの同僚はそうではない。彼らにとっては、週末どう過ごしたかという雑談や、デスク周りにどんな写真を飾るかといった単純なことが大きなストレスとなりうるのである。

最近の調査では、LGBTQ（レズビアン、ゲイ、バイセクシュアル、トランスジェンダー、クエスチョニング）の従業員の四六%が、職場で自分の性的指向を隠していることがわかった。(注1)

その理由は、仕事を失う恐れから、ステレオタイプな偏見にさらされることへの恐れまで、さまざまだ。私のようなストレートと違い、非ストレートの人は、自分の性的指向を意識せずに一日を終えることができない。

自分は何者かというアイデンティティの一部を忘れることができるという特権は、ストレートの人間にとっては何ら特別のことではない。個人のアイデンティティを構成する要素のうち、危険や差別、愚かなユーモアから身を守るために注意を払う必要のないものがある。たとえば米国では、白人、キリスト教徒、健常者、ストレート、英語話者というようなアイデンティティはことさら意識する必要がない。それは普通のあり方とされているからだ。

それらのアイデンティティがもたらす特権がありふれたものであるのは、多数派に属し、その社会の規範にかなっていて、周囲の人々に溶け込んでいるからであり、それゆえ意識に上らないからである。

アイデンティティで変わる行動の評価

米国に住むほぼすべての人が、何らかの「当たり前の特権」を持っている。それを非難されているように感じることもあるが、そのこと自体は恥ずべきことでも、否定すべきことでもない。そのような特権は、実際にはチャンスなのだ。

「当たり前の特権」を持つ人々は、そのような特権を持たない人々のために発言する力があり、しかも、発言した場合には効果的な影響力を持つことが、さまざまな研究で繰り返し確認されている。

自分に当たり前のこととして備わっている属性は、多様性を推進する力の源として使うことができる。職場のなかで、あるいはより広く文化全体のなかで、偏見や敵意と戦おうとするなら、鏡に映っている自分の姿に自覚的でありたい。

たとえば、心理学者のヘザー・ラジンスキーとアレクサンダー・チョップは、人種的偏見を含む発言をめぐる対立を人々がどう認識しているかを調査した。(注2)その結果、白人と黒人の意見が対立している時、第三者の白人は、白人の意見に説得力があると評価し、黒人の態度を無礼だと感じる傾向があることがわかった。人種的偏見に関する発言において、白人に対しては、白人であることが黒人であることよりも正当性を与えたのである。

同様のことが、デイビッド・ヘックマン、ステファニー・ジョンソン、モウーダー・フー、ウェイ・ヤンの研究でも明らかになっている。(注3) 彼らは職場で多様性の尊重を主張する人がどのような扱いを受けるかについて研究した。その結果、フィールド調査でも実験でも、多様性の尊重を訴える非白人女性は、上司からの評価が、多様性について発言しない非白人女性より低かった。白人男性の幹部社員の場合は、多様性を擁護していてもいなくても、評価に差は認められなかった。

彼らは、雇用の決定にも同じパターンがあることを発見した。非白人男性マネジャーが自分と同じ「非白人」を採用した場合、マネジャーとしての業績評価にネガティブな影響があった。しかし、白人男性のマネジャーの場合は、白人を採用しても非白人を採用しても業績評価に影響はなかった。

言い換えれば、「当たり前の特権」、つまり、自分では何の意識もしていないアイデンティティの属性は、それを持たない人の状況を改善するために影響力を行使できる場所でもあるということだ。

政治学者のケビン・マンガーがツイッターで行った巧妙な実験によって、この影響力はネット空間にも存在することが明らかになった。(注4) 彼は、黒人または白人のアイデンティティを持たせたボットを使って、差別的ツイートに対し、「そんな嫌がらせを書き込んだら、リアルな世界で傷つく人がいる」とリプライした。

フォロワー五〇〇人の「白人」ボットがこのマイルドな表現のリプライを行ったところ、ツイート後の七日間で、人種差別的なオンライン・ハラスメントが減少した。だが、同じくフォロワー五〇〇人の「黒人」ボットが、同じ文章でハラスメントに反省を迫ってもほとんど効果がなかった。

それに加えて興味深いのは、そのリプライで差別的ツイートを控えたのは、匿名でハラスメントを行っていたユーザーだけで、実名で自分自身の写真（と推定される）を使っていたユーザーの行動には変化が見られなかったという点だ。

「当たり前の特権」を活かす方法

見知らぬ人からのごく穏便なツイートでさえこの程度の影響を与えられるのなら、「当たり前の特権」が発揮する影響力はどれほど大きいことだろう。以下は、「当たり前の特権」を使う手順である。

①自分のアイデンティティのなかで、自分が最も意識していない部分は何か。それをピンポイントで特定できたら、それがあなたにとっての「当たり前の特権」だ。

②その「当たり前の特権」を持たない人たちが、職場、学校、コミュニティでどのような困難に遭遇しているかを知ろう。インターネットを活用すれば、一人称で報告されている当事者の情報を得ることができる。

③「当たり前の特権」を背景として発言し、行動する機会を探す。直接対決だけが「当たり前の特権」を使う方法ではない。質問したり、問題を提起したり、職場での議論では自然には出てこないような視点を加えることができる。データを提出し、他の人を会話に加え、アイデアを拡散させることができる。

会議では、無視されがちな人の発言にしかるべき注意が払われるように応援したり、割り込みによって発言が遮られた人の話を元に戻したりすることができる。部下や同僚の仕事ぶりを褒めたり、その才能をクチコミで広めたりすることができる。自分の周りで偏見が再生されていたら、それを見逃さず、指摘することができる。

④自分が支援しようとしている人たちの議論に、不注意によって割り込んだり、自分が上に立って引っ張ろうなどとしたりしないように気をつける。善意の人が当事者そっちのけで自分を中心に据えてしまうのは珍しいことではないが、その代償は高くつく。

そのような兆候に気づいたら、専門家としてしゃしゃり出るのをやめ、一歩退いて、差別や偏見の被害を受けている人たちの声に真摯に耳を傾けることである。主導権はあくまでも当事者にあり、「当たり前の特権」を使ってそれを応援するのが自分の役目だと心得よう。

自分が何も意識していない場所が、実は最も良いことができる場所なのかもしれない。嬉しいことに、私たちは誰でも、何かしら「当たり前の特権」を持っている。誰もが自分が思っている以上の影響力を持っているということだ。

ドリー・チュー（Dolly Chugh）

ニューヨーク大学スターン・スクール・オブ・ビジネス准教授。心理学者。著書に*The Person You Mean To Be: How Good People Fight Bias*（未訳）がある。

10

変革に必要なのは、権限よりもリーダーシップ

グレッグ・サテル
Greg Satell

"To Create Change, Leadership Is More Important Than Authority,"

HBR.ORG, April 21, 2014.

命令では変革は実現できない

意欲のある下級管理職は、もっと大きな権限を得るために昇進を願っている。上に立てば必要な変化を起こすことができ、成果をあげられると考えているからだ。その一方で、上級管理職は、現に持っている権限の小ささに不満を感じ、もっと大きな力がほしいと思っていることが多い。

そう考えている限り、彼らの悩みが解消されることはない。問題は、地位に伴う権限は、行動を強制することはできても、信念を鼓舞することはできないということである。権限があれば、部下にあなたが望む仕事をさせることはできるが、それだけでは足りない。部下には、あなたが望むことを望んでもらわなくてはならない。それができなければ、どんな変革も短命に終わる。

チェンジ・マネジメントの努力が失敗に終わることが多いのはこのためだ。変革のためにさまざまなことが行われるが、上からの命令を実行するだけのものがあまりにも多い。それは突き詰めて考えれば、「黙って俺の言う通りにやれ」という命令を、ほんの少し洗練された表現

10. To Create Change, Leadership Is More Important Than Authority

に変えただけにすぎない。本当の変化を起こすためには、部下を管理する必要はなく、エンパワーすればよいのだ。そこに力とリーダーシップの違いが表れる。

センメルヴェイス・イグナーツは、一八五〇年代、ハンガリーのペシュトにある小さな病院の産科病棟の主任医師だった。彼は、感染症を抑制する衛生管理について広範な研究を行い、手洗いの厳格なルールを確立して、当時多発していた産褥熱による死亡を事実上撲滅した。

二〇〇五年、ジョン・アンティオコは、ブロックバスターのCEOとしてビデオレンタル業界で大成功を収めた。彼は自社の圧倒的な優位性にもかかわらず、オンラインで配信されるストリーミング・ビデオやネットフリックスのような機敏な競争相手がもたらす致命的な脅威を察知していた。彼は、延滞料不要のレンタルの仕組みを構築したり、オンライン・プラットフォームに投資したりするなど、変革のために積極的に動いた。

だが、二人とも不遇な結末を迎えた。センメルヴェイスが業績を認められたのは死後のことで、存命中は医学界から非難を浴び、その主張が認められることはなかった。皮肉なことに、治療中の感染でかかった病気で精神病院で死亡した。アンティオコは取締役会によって解任され、その改革策は後継者によって一八〇度ひっくり返された。ブロックバスターは二〇一〇年に破産申請を行っている。

今日、センメルヴェイスとアンティオコに先見の明があったことははっきりしているが、当時はそうではなかった。センメルヴェイスの時代には、病気は身体の湿度のバランスの崩れが原因であると考えられており、アンティオコの頃は、オンラインビデオの脅威は、短期的な利益を捨ててまで対処しなくてはならないほど切迫したものではなかった。両者とも権限はあったが、多数派の意見を覆すことはできなかった。

権限に伴う影響力を過大評価してはならない

私たちは権限に伴う影響力を過大評価しがちだ。自分にもう少し権限があれば、裏づけとなるデータがあれば、もっと力強く主張できれば、影響力を発揮して自分の考えを推進できると思っている。センメルヴェイスとアンティオコには権限があっただけでなく、主張を支える事実の裏づけがあり、自らのキャリアを失墜させるリスクさえいとわなかった。にもかかわらず彼らは失敗した。

図　アッシュチャート

それはなぜか。心理学者ソロモン・アッシュが一九五〇年代に行った有名な一連の実験が、その理由を説明してくれる。彼は実験協力者に図を見せ、右の三本の棒のうち、左の棒と同じ長さの棒はどれかと尋ねた（**図**「アッシュ・チャート」を参照）。

一見、簡単な質問のように見える。実際、簡単なのだが、創意工夫の才で知られるアッシュはそこに一つひねりを加えていた。

この図を見せられた人々は、あらかじめ、一人を除いて全員が間違った回答をすることになっていた。グループの全員が間違った回答を続けると、最後の一人は、自分では明らかに間違っていると思っていても多数派と同じ答えを選んでしまう。

同じ実験を人を変えて複数回行ったが、やはり同じ結果になることが多かった。

私たちは、自分は独立した個人であり、自由に物事を考えていると思っているが、実際には周囲の意見に影響されている。馬鹿な猫のビデオを見て笑っている集団のなかにいれば、あなたも同じビデオを見て同じように笑う。だが、別の集団のなかで見たら全然おもしろくなかったというのは珍しいことではない。猫の動画ならどうということはないが、もっと重要なことなら笑って済ませることはできない。

イノベーションの普及モデル

しかし、同調圧力はけっして絶対ではない。アッシュの実験でも、何人かはセンメルヴェイスやアンティオコのように最後までなびかなかった。私たちは誰でも、あることについては揺るぎない信念を持ち、別のあることについてはそれほどの確信を持たず、さらに別のことについては考えたことすらなく意見を持っていない。

これは基本的には、集団行動の閾値モデルが予測するものである。新しいアイデアは、まずローカルな小集団のなかで広まり、多数の支持を得る。多くはそこで止まるが、なかには、ローカルな集団の全員に広がり、さらに弱いつながりを介して、消極的だった外の集団へと広がり、ついには連鎖的に波及するカスケード効果を生じさせることがある。

閾値モデルの最も有名な例は、エベレット・ロジャーズが解明したイノベーションの普及モデルである。

それによると、まず少数のイノベーターがアイデアを思いつき、アーリーアダプター（最新情報を収集し自ら判断する初期採用者）を説得してローカルな多数派を形成する。そのうちに、腰の重かった人々も数で負けていることに気づき、アッシュの研究が示しているように、多数派に同調し始める。やがて、新しい改宗者たちは、それぞれが属する他の社会集団にもその考えを伝え始める。

このプロセスにより、新しいアイデアはそれが発生したもともとのニッチをはるかに超えて広がり、最終的には最も懐疑的なラガード（遅延者）もその波に乗ることになる。

今日、私たちはセンメルヴェイスやアンティオコ、その他無数のエグゼクティブたちの失敗を見ている。彼らは、主体的な意思で行動する熱心な人々を集めて変革を起こそうとせず、ただ自分の権限に頼って、納得していない人に意に反する行動を強制することで変革を成し遂げようとしたのだ。地道に足元から始めて多数を同志にするのではなく、いきなり全員を支配しようとして失敗したのだ。

人をコントロールできるという考えは幻想だ。これまでも常に幻想であった。すでに変化が起こっているのでない限り、変化を強制することはできない。それは、多数派が進んで従ってくれないルールは施行コストが高くついて機能しないという「ホッブズのパラドックス」にほかならない。

高い地位も、確固たる事実に裏づけられた説得力のあるプレゼンテーションさえも、効果は限られている。どんなに優れたマネジャーも、重要な意思決定をする機会は片手で数えるほどの回数しかなく、残りの仕事は部下に任せるしかない。組織の最終的なパフォーマンスは最も能力の低いメンバーによって決まるのだ。ならば、リーダーとしてできる最善のことは、彼らが正しく働けるようにマネジメントすることである。

だからこそ、変化を起こすためには常に権威よりリーダーシップが必要だ。尊敬されている人は混乱より安定を好む。現状維持を恐れるのは、そこに居場所がない不適合者だけだ。したがって、真の変化を起こすのに必要なのは権力や影響力ではなく、それを覆そうとする不適合者を味方につけることなのである。

グレッグ・サテル（Greg Satell）
コンサルタント、講演家、アドバイザー。著書にベストセラーとなった*Cascades: How to Create a Movement that Drives Transformational Change*、二〇一七年のベストビジネス書の一冊に選ばれた*Mapping Innovation : A Playbook for Navigating a Disruptive Age*（いずれも未訳）がある。

11

後世にレガシーを残す方法

キンバリー・ウェイド・ベンツォーニ
Kimberly Wade-Benzoni

"How to Think About Building Your Legacy,"
HBR.ORG, December 15, 2016.

レガシーを意識すれば、長期的視点で考えることができる

リーダーとしてレガシー（遺産）を残すことは、後世にまで影響を及ぼすことであり、仕事と人生にとって間違いなく大きな意味がある。本人が経営の表舞台から去っても存続するのがレガシーである。レガシーを残そうとすることで、組織と組織で働く人々に最も適切な影響力を及ぼすことができる。

ビジネスにおいて、レガシーを構築するとは、組織を永続可能な姿に発展させ、より強く、より生産的に、より価値のあるものにするということだ。あるいは、起業家としてまったく新しい組織を創設するということだ。レガシーを意識すれば、長期的視点で組織のことを考えるようになり、それゆえに短期的利益に引きずられて近視眼的な意思決定を下すような事態を避けることができる。

レガシーを念頭に置いて日々の意思決定をするには、どうすればよいだろう。幸い、世代を超える意思決定に関する長年の研究によって、レガシー構築を念頭に置いた意思決定と、それを影響力の最大化につなげる方法がいくつか明確になっている。(注1)

11. How to Think About Building Your Legacy

先人は現世代のために何をしてくれたか

まず、先人の業績を思い起こし、その行動が現世代にどんな影響を与えたかを考えよう。いま生きている私たちに何を残してくれただろう。組織をどのように変え、どのような機会を与えてくれただろう。どのようにして現在の組織の文化を形成したのだろう。

先人たちがすでに組織を離れているなら、その恩に直接報いることはできないが、与えてくれたことと同じことを次世代にすることで、恩返しすることができる。長期的な視野で世代を超えるマネジメントを考えるなら、その互恵関係は特定の誰かを意識したものというより、もっと一般化されたものになる。

前世代のレガシーによって恩恵を受けていると感じれば、次世代にポジティブなレガシーを残そうという気持ちが湧き、長期的な視点で意思決定できるようになることが研究によって明らかになっている。(注2)

次世代に残す利益と押しつける負荷について

次の世代を視野に入れて意思決定をするという時、利益や天然資源のような望ましいメリットを残すという方向で考えることもあるし、負債や有害廃棄物のような歓迎されざる負担の先送りを避けるという方向で考えることもある。資源配分やレガシーに関わる意思決定では、良いものの継承を目指すのか悪いものの遮断を目指すのかが重要な問題となることが、調査では明らかになっている。(注3)

一般に私たちは、ポジティブなレガシーを残すことよりも、ネガティブなレガシーを残さないことのほうを重視する。利益を残す場合より、負債を残す場合のほうが、自分は子や孫の世代とつながっているという意識や、彼らに対して責任があるという意識が強く感じられ、恥の意識や罪悪感といった道徳的感情を刺激されやすいからだ。

長期的な意思決定がもたらす負荷を認識することは、その意思決定が後世に引き継ぐ負の遺産を正しく評価するのに役立つ。また、利益と負担を生む意思決定を分断せず結びつけて考え、同時に決定すべきものとして位置づけることも、次世代に先送りする負担を減らす有効な方策である。

負担を押しつけることの倫理的意味を問うことは、利益の配分に重きを置く近視眼的で利己的な行動を回避するのに役立つ。

将来の世代に対する責任を考える

力に関する研究のほとんどが、人間は力を持つと自己中心的で利己的な傾向を強めることを示唆している。ただし、力に関する研究のほとんどは、限られた時間軸のなかでの力の影響を検証している。

その点で言えば、世代を超える長期的時間軸で検討される意思決定においては、力を持つことが将来の世代の利益に配慮する方向に働く可能性があることが、最近の研究で明らかになっている。(注4)

世代を超える意思決定を行う時、自分に大きな力があると感じている場合は、力がないと感じている時より、後世に対する社会的責任を強く意識するようになる。その結果、将来の世代に心が向かい、それがポジティブなレガシーへとつながるのだ。

いま自分が行う決定が、無力で声をあげることのできない他者——つまり将来の世代——の生存と幸福を左右すると思えば、私たちは自分の意思決定の倫理的意味を考え、自分の行動の道徳的な意味を真剣に考えるようになる。

いつか死ぬことを忘れてはならない

一八八八年のある日、事業で大成功を収めて富を築いた一人の男性が、フランスの新聞に掲載された兄の死亡記事を読んだ。ところが、読み進むうちに、編集者が兄弟を混同して、自分の死亡記事を兄のものとして掲載していることに気づいた。記事は「死の商人が死んだ」という見出しで始まり、殺し合いの道具の製造販売で富を築いた男の業績を紹介していた。

自分は死んだらこんな人物として後世に伝えられるのだと知った男性は、深く考え込んでしまった。彼はこの出来事の八年後に死んだが、ほぼ全財産を、人類に最も利益をもたらす仕事をした人を表彰する年次事業のために捧げた。これはダイナマイトの発明者であり、ノーベル賞の創設者でもあるアルフレッド・ノーベルの実話である。

死を免れる人間はいない。私たちは死にたくないと思い、生きることを願うが、死が避けられないものであることを理解している。その事実が人間の生存本能に働きかけ、実存的なジレンマを生じさせる。

死の不安を和らげるためにできる最も効果的なことの一つは、自分の人生に意味を与えることで死を超越することだ。この意識の中心にあるのは、人間は肉体が消滅しても影響力は残るという直観だ。

死を思うと、自分が残すレガシーを考え、将来の世代に利益をもたらす行動を取るようになり、長期的な意思決定の質が向上することが研究によってわかっている。(注5)私たちは死に直面しても、死後も存続する何かの一部であり続けると思うことができれば、心穏やかでいることができる。

未来の世代にポジティブな影響を与えることは、そのニーズを満たすのに役立つ。ノーベルは遺産を通して生き続けているが、死が避けられないことを衝撃的な形で思い知らされたことで、そうした選択をすることができた。

彼のエピソードは、ポジティブなレガシーを残したいという願いより、ネガティブなレガシーを残したくないという意識のほうが、強い動機となって働くことを示している。

要するにパワーや権力とは、死後も生き続ける偉大なレガシーを残すことである。それを目指すことによって影響力を最大化することができ、組織の長期的な成功を念頭に置いた行動を取ることができる。その報酬として、私たちはいくばくかの不死を（象徴的な意味で）手に入れることができるのだ。
最終的に、あなたが手にするのはあなたのレガシーだ。死後、どのような人間として記憶されたいかを考え、それに基づいて行動することだ。自分より長く生きる何かを生み出すことで、死を乗り越えることができるのだ。

キンバリー・ウェイド・ベンツォーニ（Kimberly Wade-Benzoni）
デューク大学フュークア・スクール・オブ・ビジネス教授。世代間倫理と意思決定の第一人者。国際紛争管理協会（ＩＡＣＭ）、ステート・ファーム・カンパニーズ財団、米環境保護庁、米国立科学財団などから賞を受けている。

11. How to Think About Building Your Legacy

12

メンバーの能力を引き出すサーバント・リーダーシップ

ダン・ケーブル
Dan Cable

"How Humble Leadership Really Works,"
HBR.ORG, April 23, 2018.

トップダウン型のリーダーシップは非生産的である

あなたがリーダーならば――どんなに長くその職に就いていて、そこにたどり着くまでの道のりがいかに困難だったとしても――メンバーたちの能力を最大限に引き出していなければ、あなたの存在は単なる間接費にすぎない。残念ながら、ほとんどのリーダーがそのことを忘れてしまっているようだ。

私の同僚のエナ・イネーシによる研究でも示されているように、リーダーはその権力ゆえに「結果」と「コントロール」ばかりを考えるようになり、従業員を目標達成のための手駒と見なしてしまう場合がある。

私自身の研究でも、これは従業員の恐怖心――目標を達成できなかったり、ボーナスを失ったり、失敗したりすることへの恐れ――を助長することになることが明らかになっている。その結果、部下は前向きな気持ちを抱けず、新しいことを試して学びたいという意欲が抑えつけられてしまうのだ。(注1)

私が調査した英国の食品配達業者の事例を挙げよう。経営陣がコスト削減と配達時間の短縮を図るために数値指標を重視するようになるにつれ、牛乳とパンを大勢の顧客に毎日配達する同社のドライバーたちは、意欲を失っていった。

マネジャーは毎週、ドライバーと週次業績の報告会議を行い、クリップボードとペンを使って、リストアップされた一連の問題や苦情、ミスについて話し合った。この取り組みはいかなる階層においても、マネジャー側とドライバー側のいずれにとっても、やる気を高めるものではなかった。

やがてドライバーたちは、その多くが何十年も勤続していたにもかかわらず、憤りを感じるようになった。

こうしたトップダウン型のリーダーシップは時代遅れであるばかりか、非生産的である。リーダーがコントロールと最終目標にばかり注力し、従業員に十分に意識を傾けていないため、望ましい結果の達成をいっそう困難にしているのだ。

そこでカギとなるのは、従業員に目的意識、やる気、活力をいかに持たせ、最高の能力を発揮できるようにするかである。

私の著書『脳科学に基づく働き方革命（注2）』で概説した通り、これを実現する方法はたくさんある。しかし、最高の方法の一つは、「サーバント・リーダー」という謙虚な考え方を取り入れることだ。サーバント（奉仕する人）としてのリーダーは、自身の主な役割として、従業員の探求と成長を後押しし、その過程で物理的および感情的なサポートを提供することだと心得ている。

端的に言えば、サーバント・リーダーは、自分より権力の弱い従業員の専門知識によって自身が恩恵を得られる、ということを認める謙虚さ、勇気、洞察力を兼ね備えている。自分が奉仕する部下から、アイデアや個々人なりの貢献を積極的に引き出そうとする。それによってサーバント・リーダーは、学習する文化、そして、部下に最高の力を発揮してもらえる雰囲気をつくり出すのだ。

謙虚さとサーバント・リーダーシップは、自尊心の低さや卑屈な態度を意味するものではない。重要なのは、リーダーとして部下の当事者意識、自主性、責任感を高めることだ。つまり、従業員が自ら考え、自分のアイデアを試すよう後押しすることである。

以下にその方法を紹介しよう。

リーダーとしてどんな支援ができるかを尋ね、耳を傾ける

どうすれば仕事を改善できるかを従業員に教えるのではなく、そのために自分にどんな支援ができるかをまず尋ねよう。このやり方は、あまりに単純に思えるかもしれないが、大きな効果をもたらすだろう。

前述した食品配達業者の事例を考えてみよう。従来のやり方が新しい配達業者によって破壊されていく事態を受け、経営陣は現状を変える必要があると考えた。優れた顧客サービスで競争しなければならなかったが、そのためには、サービスを提供する従業員の協力が不可欠だ。加えて、競争力を高めるためのアイデアも必要だった。

経営陣は、プライスウォーターハウスクーパースのコンサルタントと会って研修を受けた後、ドライバーとの週次業績会議に新しい手法を取り入れた。

その新しい手法とは何か。マネジャーたちは些細なことを問題にするよりも、ドライバーに「あなたが素晴らしいサービスを提供するために、私にはどんな支援ができるだろうか」とだけ尋ねるよう、訓練を受けたのである。

ブラッドリー・オーエンズとデイビッド・ヘックマンの研究が示すように、従業員により優れた顧客サービスを提供してもらうには、リーダーはこうした奉仕的行動のモデルを確立する必要があるのだ。（注3）

ご想像の通り、当初は懐疑的な見方が多かった。ドライバーのマネジャーに対する嫌悪感は強く、信頼感も低い。ところが、拠点マネジャーが「あなたが素晴らしいサービスを提供するために、私はどんな支援ができるだろうか」と質問し続けるうちに、一部のドライバーは提案をするようになった。

たとえばあるドライバーは、ヨーグルト製品のゴーグルやストリングチーズのような新商品を早い時間帯に配送し、親が登校前の子どもの弁当に入れられるようにしてはどうか、と提案した。別のドライバーは、顧客が注文した食品が品切れにならないよう、もっと迅速に在庫不足を報告する方法を考えた。

これらの小さな変化によって、好循環が生じた。ドライバーは自分のアイデアが認められて採用されるのを目の当たりにすると、さらにアイデアを出そうと前向きになる。拠点マネジャーがそれに感心してドライバーに敬意を払うようになり、ドライバーの提案意欲はさらに高まったのである。

また、拠点マネジャーは、ドライバーによる「ミス」と呼ばれるもののいくつかは、実際には彼らが編み出したイノベーションだったことに気づいた。プロセスをスリム化し、なおかつ全商品を時間通りに配達するための試みだったのだ。こうしたイノベーションにより、同社は顧客により優れたサービスを提供できるようになったのである。

結局のところ、リーダーよりも現場で実務をする従業員のほうが、どうすれば素晴らしい仕事ができるかを心得ていることが多いのだ。彼らのアイデアを尊重し、業務改善のための新しいやり方を試すよう促せば、彼らはいっそう能力を発揮するようになる。

あるエリアマネジャーは、次のように要約した。

「我々リーダーは、ドライバーのことを十分に知っているつもりでしたが、たくさんのことを見落としていたと気づきました。いまでは、週一回の顧客対応会議はいっそう活発なやりとりがなされ、より率直かつ成熟した話し合いになっています。言葉で説明するのは難しいのですが、我々は数々の変化を目の当たりにしています」

リスクの低い「新規アイデア考案の場」を設ける

時として、リーダーが従業員——ひいては会社——に奉仕する最良の方法は、従業員に独自のアイデアを試してもらうための場を設け、そこにリスクをあまり課さないようにすることだ。そうすればリーダーは、従業員が勝手知ったる領域から一歩踏み出すよう、後押しすることができる。

スタンダードチャータード銀行のチェ・ジョンギュは、中国で消費者向け金融部門の責任者に就くために、シンガポールから転任した。その際、新しい勤務先で文化的に期待されることの一つは、支店を訪ねてマネジャーたちにコスト削減へのプレッシャーを与えることだと知った。支店のスタッフはやきもきしながら、何週間もかけて彼の訪問に備えた。

ジョンギュはこうした訪問のあり方を改めた。自分のオフィシャルな権力を強調するのではなく、予告なしにふらっと支店に現れ、最初に従業員に朝食を振る舞った。そして、「ざっくばらんな打ち合わせ」をしたうえで、従業員の力で支店を発展させるために自分に何ができるかを尋ねたのだ。

12. How Humble Leadership Really Works

従業員の多くは非常に驚き、初めはどう反応すべきかわからずに戸惑っていた。しかし、やがて彼のやり方は従業員の不安を和らげ、アイデアの創出、ひいては斬新な発想を促したのである。

ジョンギュは最初の一年間で、二五都市に点在する八〇あまりの支店を訪問した。従業員を助けようという彼の一貫したやり方と意思に、最初は懐疑的だった従業員も次第に心を開いていった。

打ち合わせでは、彼が容易に解決を手助けできる、単純な「悩みの種」がたくさん判明した（たとえば、新しい銀行システムに関する研修、旧式のコンピュータで最新のソフトウェアを使うためのメモリーのアップグレードなど）。

より大規模な革新のアイデアを寄せる従業員もいた。たとえば、上海のある支店はショッピングモールのなかにあった。打ち合わせで従業員たちはジョンギュに、支店の営業時間を（通常の支店とは異なり）ショッピングモールの営業時間に合わせられないかと尋ねた。週末営業を試してみたかったのである。

数カ月以内に、当該支店の週末の収益は平日の合計収益を上回った。これはジョンギュも想像すらしなかったアイデアだった。

これらの試みは、会社のパフォーマンスの観点でも見返りを生んだ。ジョンギュが奉仕型のリーダーシップを実践した二年間で、顧客満足度は五四%向上。同期間における顧客からの苦情数は二九%減少した。さらには、中国の全外資系銀行のなかで最も高かった離職率は、最も低くなったのである。

＊ ＊ ＊

リーダーはしばしば、自分の管轄対象の本当の価値、とりわけ「低い階層」の従業員の価値に目を向けない。しかし、リーダーが謙虚になって敬意を払い、組織改善のために自分がどう奉仕できるかを従業員に尋ねれば、その結果は素晴らしいものになりうるのだ。

加えて、これは会社の業績向上よりも重要かもしれないが、サーバント・リーダーになれば、よりよき人間として行動するようになるはずだ。

ダン・ケーブル（Dan Cable）

ロンドン・ビジネススクール教授。組織行動学を担当。新著に『脳科学に基づく働き方革命 Alive at Work』（日経ＢＰ）がある。

for Non-White and Female Leaders?" *Academy of Management Journal* 60, no. 2 (2016): 771–797.

4） K. Munger, "Tweetment Effects on the Tweeted: Experi-mentally Reducing Racist Harassment," *Political Behavior* 39, no. 3 (2017): 629–649.

11. 後世にレガシーを残す方法

1） K. A. Wade-Benzoni and L. P. Tost, "The Egoism and Altruism of Intergenerational Behavior," *Personality and Social Psychology Review* 13, no. 3 (2009): 165–193.

2） K. A. Wade-Benzoni, "A Golden Rule Over Time: Reciprocity in Intergenerational Allocation Decisions," *Academy of Management Journal* 45, no. 5 (2017): 1011–1028.

3） K. A. Wade-Benzoni, H. Sondak, and A. D. Galinsky, "Leaving a Legacy: Intergenerational Allocations of Benefi ts and Burdens," *Business Ethics Quarterly* 20, no. 1 (2010): 7–34.

4） L. P. Tost, K. A. Wade-Benzoni, and H. H. Johnson, "Noblesse Oblige Emerges (with Time): Power Enhances Intergenerational Beneficence," *Organizational Behavior and Human Decision Processes* 128 (2015): 61–73.

5） K. A. Wade-Benzoni et al., "It's Only a Matter of Time: Death, Legacies, and Intergenerational Decisions," *Psychological Science* 23, no. 7 (2012): 704–709.

12. メンバーの能力を引き出すサーバント・リーダーシップ

1） Dan Cable, "Why People Lose Motivation and What Managers Can Do to Help," HBR.ORG, March 12, 2018.

2） Dan Cable, *Alive at Work: The Neuroscience of Helping Your People Love What They Do*, Harvard Business Review Press, 2018.（邦訳『脳科学に基づく働き方革命 Alive at Work』日経BP）

3） B. P. Owens and D. R. Hekman, "Modeling How to Grow: An Inductive Examination of Humble Leader Behaviors, Contingencies, and Outcomes," *Academy of Management Journal* 55, no. 4 (2012): 787–818.

Organizational Psychology and Organizational Behavior 1 (2014): 67–97.

2) E. X. M. Wee et al., "Moving from Abuse to Reconciliation: A Power-Dependence Perspective on When and How a Follower Can Break the Spiral on Abuse," *Academy of Management Journal* 60, no. 6 (2017): 2352–2380; S. Aryee et al., "Abusive Supervision and Contextual Performance: The Mediating Role of Emotional Exhaus-tion and the Moderating Role of Work Unit Structure," *Management and Organization Review* 4, no. 3 (2008): 393–411; D. Liu, H. Liao, and R. Loi, "The Dark Side of Leadership: A Three-Level Investigation of the Cascad-ing Effect of Abusive Supervision on Employee Creativity," *Academy of Management Journal* 55, no. 5 (2012): 1187–1212; C. I. C. Farh and Z. Chen, "Beyond the Individual Victim: Multilevel Consequences of Abusive Supervision in Teams," *Journal of Applied Psychology* 99, no. 6 (2014): 1074–1095.

3) T. A. Foulk et al., "Heavy Is the Head That Wears the Crown: An Actor-centric Approach to Daily Psychological Power, Abusive Leader Behavior, and Perceived Incivility," *Academy of Management Journal* 61, no. 2 (2018): 661–684.

8. セクハラ、パワハラが横行する社会を変える

1) A. D. Galinsky et al., "Power and Perspectives Not Taken," *Psychological Science* 17, no. 12 (2006): 1068–1074.

2) P. K. Piff et al., "Higher Social Class Predicts Increased Unethical Behavior," *PNAS* 109, no. 11 (2012): 4086–4091.

3) J. W. Kunstman and J. K. Maner, "Sexual Overperception: Power, Mating Motives, and Biases in Social Judgment," *Journal of Personality and Social Psychology* 100, no. 2 (2011): 282–294.

4) D. Keltner, D. H. Gruenfeld, and C. Anderson, "Power, Approach, and Inhibition," *Psychological Review* 110, no. 2 (2003): 265–284.

5) Matthew Swayne, "Women Still Less Likely to Commit Corporate Fraud," *Penn State News*, August 13, 2013.

6) D. P. Green, D. Z. Strolovitch, and J. S. Wong, "Defended Neighborhoods, Integration, and Racially Motivated Crime," *American Journal of Sociology* 104, no. 2 (1998): 372–403.

7) C. Langner and D. Keltner, "Social Power and Emotional Experience: Actor and Partner Effects Within Dyadic Inter act ions," *Journal of Experimental Social Psychology* 44, no. 3 (2008): 848–856.

9. 自分では気づいていない特権を周囲のために活かす

1) "A Workplace Divided: Under-standing the Climate for LGBTQ Workers Nationwide," Human Rights Campaign (2018).

2) H. M. Rasinski and A. M. Czopp, "The Effect of Target Status on Witnesses' Reactions to Confrontations of Bias," *Basic and Applied Social Psychology* 32, no. 1 (2010): 8–16.

3) D. R. Hekman et al., "Does Diversity-Valuing Behavior Result in Diminished Performance Ratings

注

1. 人の行動は「権力」によってどう変わるのか

1） A.J.Yap, et al.,"The Ergonomics of Dishonesty: The Effect of Incidental Posture on Stealing, Cheating, and Traffic Violations," *Psychological Science*, September 25, 2013.

2） P.K.Piff, et al., "Higher social class predicts increased unethical behavior," *PNAS*, March 13, 2012 109 (11) 4086-4091.

3） J.Lammers, et al., "Power and morality," *Current Opinion in Psychology*, Volume 6, December 2015, Pages 15-19.

4） A.D.Galinsky, et al., "From Power to Action," *Journal of Personality and Social Psychology*, October 2003, 85(3):453-66.

5） Judith Warner, "The Charitable-Giving Divide," *The New York Times Magazine*, Aug. 20, 2010.

3. 肩書に頼らず組織を動かす方法

1） R. Gulati and M. Sytch, “Dependence Asymmetry and Joint Dependence in Interorganizational Relationships: Effects of Embeddedness on a Manufacturer’s Performance in Procurement Relationships,” *Administrative Science Quarterly* 52, no. 1 (2007): 32–69.

5. 部下に「自分には力がある」と感じさせることの効能

1） Y. Kifer et al., “The Good Life of the Powerful: The Experi-ence of Power and Authenticity Enhances Subjective Well-Being,” *Psychological Science* 24, no. 3 (2013): 280–288.

2） Susan Sorenson and Keri Garman, “How to Tackle U.S. Employees’ Stagnating Engagement,” Gallup, June 11, 2013.

3） Peter Flade, Jim Harter, and Jim Asplund, “Seven Things Great Employers Do (That Others Don’t),” Gallup, April 15, 2014.

4） Phil Ciciora, “Study: Job Autonomy, Trust in Leader-ship Keys to Improvement Initiatives,” Illinois News Bureau, November 14, 2012.

5） “It’s All About Control,” Association for Psychological Science, April 26, 2011.

6. 感情は、良くも悪くも伝染しやすい

1） C. Bartel and R. Saavedra, “The Collective Construction of Work Group Moods,” *Administrative Science Quarterly* 45, no. 2 (2000): 197–231.

7. ボスらしく振る舞った日は、帰宅後も気分が晴れない

1） C. Anderson and S. Brion, “Perspectives on Power in Orga-nizations,” *Annual Review of*

『Harvard Business Review』（HBR）とは

ハーバード・ビジネス・スクールの教育理念に基づいて、1922年、同校の機関誌として創刊され、エグゼクティブに愛読されてきたマネジメント誌。また、日本などアジア圏、ドイツなど欧州圏、中東、南米などでローカルに展開、世界中のビジネスリーダーやプロフェッショナルに愛読されている。

『DIAMONDハーバード・ビジネス・レビュー』（DHBR）とは

HBR誌の日本語版として、米国以外では世界で最も早く、1976年に創刊。「社会を変えようとする意志を持ったリーダーのための雑誌」として、毎号HBR論文と日本オリジナルの記事を組み合わせ、時宜に合ったテーマを特集として掲載。多くの経営者やコンサルタント、若手リーダー層から支持され、また企業の管理職研修や企業内大学、ビジネススクールの教材としても利用されている。

山口 周（やまぐち・しゅう）

1970年東京都生まれ。独立研究者、著作家、パブリックスピーカー。電通、BCGなどで戦略策定、文化政策、組織開発等に従事。著書に『ビジネスの未来』（プレジデント社）、『ニュータイプの時代』（ダイヤモンド社）、『世界のエリートはなぜ「美意識」を鍛えるのか?』（光文社新書）、『武器になる哲学』（KADOKAWA）など。慶應義塾大学文学部哲学科、同大学院文学研究科修士課程修了。
株式会社中川政七商店社外取締役、株式会社モバイルファクトリー社外取締役。

ハーバード・ビジネス・レビュー［EIシリーズ］
リーダーの持つ力

2021年5月11日　第1刷発行

編　者――ハーバード・ビジネス・レビュー編集部
訳　者――DIAMONDハーバード・ビジネス・レビュー編集部
発行所――ダイヤモンド社
〒150-8409　東京都渋谷区神宮前6-12-17
https://www.diamond.co.jp/
電話／03·5778·7228（編集）　03·5778·7240（販売）

ブックデザイン―コバヤシタケシ
製作進行――ダイヤモンド・グラフィック社
印刷――――勇進印刷（本文）・加藤文明社（カバー）
製本――――ブックアート
編集担当――前澤ひろみ

ISBN 978-4-478-11279-3

レジリエンス Resilience

執筆：シェリル・サンドバーグ、アダム・グラントほか
解説：**岡田美智男**（豊橋技術科学大学教授）
「レジリエンスは関係性のなかに宿る」

やっかいな人のマネジメント Dealing with Difficult People

執筆：マンフレッド F. R. ケッツ・ド・ブリースほか
解説：**入山章栄**（早稲田大学大学院教授）
「『面倒くさい人と付き合うスキル』が問われる時代」

集中力 Focus

執筆：ハイディ・グラント、スリニ・ピレイほか
解説：**石川善樹**（予防医学研究者）
「どうすれば人は集中できるのか」

自信 Confidence

執筆：ロザベス・モス・カンター、アンディ・モリンスキーほか
解説：**藤原和博**（教育改革実践家）
「『自信』の構造」

マインドフル・リスニング Mindful Listening

執筆：ジャック・ゼンガー、エイミー・ジェン・スほか
解説：**篠田真貴子**（エール取締役）
「『聴く力』には希少価値がある」

働くことのパーパス Purpose, Meaning + Passion

執筆：モルテン・ハンセン、ジョン・コールマンほか
解説：**佐宗邦威**（BIOTOPE代表）
「パーパスとともに生きる時代」